Guía de Montaje de Eventos Gastronómicos

Pasos para Montar Eventos Culinarios Inolvidables

Marlene Lioced Agüero Fernández

Ynocencia Fernández Correa

Pedro Agüero Vallejo

Tabla de contenido

Introducción

Bienvenidos a la "Guía de Montaje de Eventos Gastronómicos: Pasos para Montar Eventos Culinarios Inolvidables". En el fascinante mundo de la gastronomía, la creación y ejecución de eventos culinarios no solo es una expresión artística, sino también una oportunidad única para deleitar los sentidos y crear experiencias memorables.

Este libro ha sido elaborado con la intención de ser tu compañero indispensable en el viaje de planificar, organizar y ejecutar eventos gastronómicos excepcionales. Desde pequeñas celebraciones íntimas hasta grandes festivales culinarios, cada evento tiene el potencial de ser una obra maestra gastronómica.

A lo largo de estas páginas, exploramos los pasos esenciales que te guiarán en el proceso de montar eventos culinarios inolvidables. Desde la planificación estratégica y la selección del espacio hasta la creación del menú perfecto y la coordinación logística, descubrirás las claves para el éxito en el mundo de los eventos gastronómicos.

Con ejemplos prácticos, consejos de expertos y herramientas útiles, esta guía se convertirá en tu recurso confiable, ofreciéndote la inspiración y conocimientos necesarios para destacar en el emocionante campo de la organización de eventos gastronómicos. ¡Prepárate para sumergirte en el delicioso arte de crear experiencias culinarias extraordinarias que dejarán una impresión duradera en cada comensal!

Capítulo 1

La Importancia de los Eventos Gastronómicos

Los eventos gastronómicos son mucho más que simples encuentros culinarios; representan la convergencia de la creatividad, la pasión y el paladar. En este capítulo, exploraremos la trascendental importancia de los eventos gastronómicos y cómo su ejecución cuidadosa puede marcar la diferencia entre una experiencia ordinaria y un festín inolvidable.

Los eventos gastronómicos trascienden la mera función de reunir amantes de la comida; son auténticas celebraciones que fusionan la creatividad, la pasión y el paladar en una experiencia multisensorial. En este capítulo, nos sumergimos en la significativa importancia de estos eventos, desvelando cómo su cuidadosa ejecución no solo alimenta los cuerpos, sino que también nutre el alma, transformando lo ordinario en extraordinario.

Estos encuentros culinarios sirven como vitrinas para la riqueza y diversidad de la cultura culinaria. Cada plato cuenta una historia arraigada en tradiciones y técnicas únicas de una comunidad. Los eventos gastronómicos, así, se convierten en la esencia de la celebración cultural, preservando y compartiendo legados culinarios a través de cada bocado.

Además, estos eventos son catalizadores de la creatividad culinaria. Los chefs, liberados de las restricciones cotidianas, despliegan su imaginación en la creación de platos que no solo satisfacen el apetito, sino que también cautivan la vista y el olfato. Los eventos gastronómicos se transforman en lienzos vivos donde la innovación culinaria florece, llevando a la industria a nuevas alturas y desafiando las expectativas gastronómicas convencionales.

Más allá de la elaboración de platos exquisitos, estos eventos ofrecen experiencias memorables. La fusión de sabores exquisitos con una ambientación cuidadosamente diseñada crea momentos que perduran en la memoria de los comensales. Cada bocado se convierte en un viaje sensorial, y la calidad del servicio y la atmósfera se combinan para generar recuerdos imborrables.

En resumen, los eventos gastronómicos trascienden la alimentación para convertirse en manifestaciones de la identidad cultural, laboratorios de creatividad culinaria y fuentes de experiencias sensoriales inolvidables. Su ejecución cuidadosa se revela como el ingrediente clave para transformar una reunión culinaria común en un festín que deja una huella imborrable en la mente y el paladar de aquellos que participan.

Montaje de Mesas para Eventos

Tipos de Montaje de Mesas: Para eventos en salones o restaurantes, el montaje varía según el protocolo y formalidad. La elección depende del tipo de evento, ya sea una boda, reunión profesional o cena de gala.

El montaje de mesas es una parte crucial de la planificación de eventos, y su elección juega un papel significativo en la creación de la atmósfera deseada. La disposición de las mesas no solo afecta la estética general del espacio, sino que también influye en la interacción de los participantes y el flujo del evento. Existen varios tipos de montaje de mesas, cada uno adaptado a diferentes ocasiones y protocolos.

Montaje de Mesas en Forma de U o Herradura: Este tipo de montaje es ideal para eventos donde se requiere una interacción más directa entre los participantes, como reuniones ejecutivas o presentaciones. Las mesas se colocan en forma de U o herradura, permitiendo que todos tengan una visión clara del área de presentación y fomentando la comunicación entre los asistentes.

El montaje de mesas en forma de U o herradura es una disposición estratégica que se utiliza en eventos donde la interacción directa y la comunicación entre los participantes son aspectos cruciales. Este diseño ofrece beneficios específicos que lo hacen ideal para reuniones ejecutivas, presentaciones y sesiones de trabajo colaborativas.

En este tipo de montaje, las mesas se organizan formando una U o una herradura, con el extremo abierto frente a un área central, como un escenario o una pantalla de presentación. Los asistentes se sientan a lo largo de los lados de la "U" o la herradura, permitiendo que todos tengan una visión clara del área focal. Esta disposición facilita la interacción visual y auditiva entre los participantes y el presentador.

La ventaja principal de este montaje es que crea un ambiente propicio para la comunicación abierta y la participación activa. Al no haber obstáculos visuales significativos, se fomenta la conexión directa entre los asistentes y se elimina la sensación de separación que podría existir en montajes más tradicionales. Esto es especialmente valioso en eventos donde se busca la colaboración, discusión y toma de decisiones conjunta.

El montaje en forma de U también es beneficioso para eventos que incluyen presentaciones visuales. La disposición permite que todos los participantes tengan una visión clara de la pantalla central o del área de presentación, asegurando que la información se comparta de manera efectiva. Además, la estructura de la U permite una fácil transición entre la atención a la presentación y la participación en discusiones grupales.

Este tipo de montaje es común en reuniones ejecutivas, conferencias de trabajo y sesiones de capacitación donde la interacción entre los participantes es fundamental para alcanzar los objetivos del evento. La disposición en forma de U crea un entorno más íntimo y colaborativo, contribuyendo a un ambiente favorable para la generación de ideas, el intercambio de conocimientos y la toma de decisiones conjunta.

En resumen, el montaje de mesas en forma de U o herradura se destaca por su capacidad para fomentar la interacción directa y la comunicación efectiva en eventos donde la participación activa y la colaboración son fundamentales. La disposición abierta y centrada en la visibilidad hace que este tipo de montaje sea una elección efectiva para lograr un ambiente de trabajo conjunto y dinámico.

Montaje de Mesas Tipo Banquete: Es común en cenas de gala, bodas y eventos formales. Las mesas se disponen en filas largas con asientos a ambos lados, creando un ambiente elegante y facilitando la conversación entre los comensales. Este estilo es especialmente adecuado para eventos donde se sirve una comida completa.

El montaje de mesas tipo banquete es una disposición clásica y formal que se utiliza comúnmente en eventos de gala, bodas y otras ocasiones formales. Esta configuración crea un ambiente elegante y permite la conversación entre los comensales, lo que lo convierte en una elección popular para eventos en los que se sirve una comida completa.

En este estilo de montaje, las mesas se disponen en filas largas con asientos a ambos lados. Los comensales comparten la mesa con aquellos que se sientan a su lado, creando un ambiente de cercanía y sociabilidad. Esta disposición facilita la interacción entre los invitados, ya que se encuentran en proximidad y pueden disfrutar de la compañía de aquellos que comparten la mesa.

La disposición en filas largas con asientos a ambos lados también se presta para una presentación elegante. Los comensales tienen una vista clara de la decoración de la mesa y pueden disfrutar de la ambientación general del evento. Este estilo es especialmente adecuado cuando se busca crear una experiencia refinada y formal para los asistentes.

El montaje de mesas tipo banquete es especialmente idóneo cuando se sirve una comida completa durante el evento. Los comensales pueden disfrutar de múltiples platos en un entorno cómodo y elegante. Además, la disposición permite una atención eficiente por parte del personal de servicio, ya que pueden acceder fácilmente a todos los comensales en la fila.

Este tipo de montaje es una opción popular para eventos de mayor envergadura, donde se espera una asistencia numerosa. La disposición en filas largas permite acomodar a un gran número de invitados de manera eficiente, asegurando que todos tengan un lugar asignado y puedan disfrutar de la experiencia completa del evento.

Quiere decir que, el montaje de mesas tipo banquete es una elección clásica y elegante para eventos formales donde se busca fomentar la interacción entre los asistentes y crear una experiencia culinaria completa. La disposición en filas largas con asientos a ambos lados contribuye a una atmósfera de sofisticación y cercanía, haciéndolo adecuado para celebraciones y eventos especiales.

Montaje de Mesas Tipo Teatro: Ideal para conferencias y presentaciones, este montaje implica filas de sillas orientadas hacia un escenario o área de presentación. Se busca optimizar la visión del público hacia la parte frontal del espacio, siendo menos propicio para la interacción entre los asistentes.

El montaje de mesas tipo teatro es una disposición estratégica diseñada para eventos donde la atención se centra en una presentación, conferencia o actuación en un escenario. Esta configuración es ideal para maximizar la visión del público hacia la parte frontal del espacio, pero se caracteriza por ser menos propicia para la interacción directa entre los asistentes.

En este estilo de montaje, las sillas se disponen en filas orientadas hacia un escenario o área de presentación central. La disposición imita la estructura de un teatro, permitiendo que todos los asistentes tengan una visión clara del frente del espacio. Este diseño es particularmente efectivo para eventos donde la comunicación visual y la atención al orador o presentador son cruciales.

El montaje tipo teatro es comúnmente utilizado en conferencias, charlas magistrales, presentaciones corporativas y eventos similares. Proporciona un ambiente formal y enfocado, donde los asistentes pueden concentrarse en la información presentada sin distracciones. Además, este estilo es eficaz para acomodar a un gran número de participantes en un espacio limitado.

Aunque el montaje tipo teatro es ideal para eventos donde la interacción entre los asistentes no es el enfoque principal, ofrece ventajas significativas en términos de eficiencia logística y optimización del espacio. Las filas ordenadas permiten una distribución clara de los asistentes, facilitando la gestión del flujo de personas y la asignación de asientos.

A pesar de que la interacción directa entre los asistentes puede ser limitada en este tipo de disposición, el montaje tipo teatro cumple su propósito principal de facilitar la comunicación efectiva entre el presentador y la audiencia. Es especialmente útil cuando la información presentada es la prioridad y la dinámica del evento se centra en la transmisión de conocimientos o mensajes específicos.

Montaje de Mesas Tipo Buffet: Adecuado para eventos más informales, como cócteles o recepciones, donde se sirven aperitivos y bebidas. Las mesas se disponen estratégicamente para permitir un fácil acceso a la comida y fomentar la circulación de los participantes.

El montaje de mesas tipo buffet es una disposición versátil y relajada diseñada para eventos más informales, como cócteles, recepciones o reuniones sociales, donde se sirven aperitivos y bebidas. A diferencia de los montajes más formales, el buffet fomenta una atmósfera más relajada y promueve la interacción social entre los participantes.

En este estilo de montaje, las mesas se disponen estratégicamente para permitir un fácil acceso a la comida y fomentar la circulación de los asistentes. Generalmente, las estaciones de comida se colocan en el centro o a lo largo del espacio, y los comensales pueden servirse a sí mismos, eligiendo entre una variedad de platos y opciones disponibles.

El montaje de mesas tipo buffet es una modalidad que busca fomentar la interacción y comodidad de los participantes en eventos. En este estilo, las mesas se distribuyen estratégicamente para permitir un fácil acceso a la comida y alentar la circulación fluida de los asistentes. Las estaciones de comida se colocan típicamente en el centro o a lo largo del espacio, creando una disposición que facilita que los comensales se sirvan a sí mismos y seleccionen entre una amplia variedad de platos y opciones disponibles.

Esta forma de montaje es particularmente adecuada para eventos más informales, como cócteles, recepciones o celebraciones sociales, donde se busca crear un ambiente relajado y propicio para la socialización. La disposición abierta de las mesas y la libertad para servirse fomentan la movilidad de los participantes, permitiéndoles explorar diferentes estaciones de comida y elegir sus preferencias culinarias.

La distribución estratégica de las mesas tipo buffet también contribuye a evitar congestiones y facilita el flujo de personas, asegurando que todos los asistentes tengan acceso a las opciones culinarias sin sentirse limitados por la disposición del espacio. La flexibilidad en la ubicación de las estaciones de comida permite adaptar el montaje según las necesidades específicas del evento y el número de participantes.

Este estilo de montaje ofrece una experiencia más personalizada, ya que los participantes tienen la libertad de seleccionar los alimentos que desean probar y la cantidad que desean consumir. Además, promueve una interacción más relajada entre los asistentes, ya que pueden moverse libremente y compartir sus experiencias culinarias mientras disfrutan de la variedad de platos disponibles.

El montaje tipo buffet es especialmente adecuado para eventos donde la informalidad y la socialización son aspectos importantes. Es comúnmente utilizado en recepciones de bodas, eventos corporativos, fiestas y otras ocasiones en las que se busca crear un ambiente relajado y festivo. Este estilo permite a los asistentes moverse libremente, interactuar entre sí y disfrutar de una variedad de opciones culinarias.

El montaje tipo buffet es una elección popular en eventos que buscan crear un ambiente informal y festivo, donde la socialización y la movilidad de los asistentes son aspectos clave. Este estilo se adapta perfectamente a recepciones de bodas, eventos corporativos, fiestas y diversas ocasiones donde la interacción relajada es fundamental.

Una de las ventajas más destacadas del montaje tipo buffet es la libertad que brinda a los participantes para moverse y explorar diferentes estaciones de comida. Esta dinámica fomenta la interacción entre los asistentes, ya que pueden compartir sus preferencias culinarias, intercambiar impresiones sobre los platillos y disfrutar de una experiencia más participativa. La disposición de estaciones de comida estratégicamente ubicadas permite que los invitados se sirvan a sí mismos, lo que añade un toque personalizado a su experiencia gastronómica.

Este estilo de montaje es especialmente adecuado para eventos como recepciones de bodas, donde se busca crear un ambiente relajado y festivo. Los novios y sus invitados pueden disfrutar de una variedad de opciones culinarias mientras se mezclan y comparten momentos en un entorno socialmente distendido. La informalidad del buffet también se presta para eventos corporativos, donde se busca crear un ambiente más relajado y favorecer la interacción entre los empleados y clientes.

La versatilidad del montaje tipo buffet permite adaptarse a diferentes estilos de eventos y preferencias. Desde fiestas informales hasta eventos más formales, este estilo se puede personalizar según la ocasión. Además, el buffet ofrece una variedad de opciones dietéticas, lo que lo convierte en una elección inclusiva que atiende a diferentes gustos y necesidades alimenticias.

En términos logísticos, el montaje tipo buffet facilita la disposición del espacio y la circulación de los asistentes. Al no requerir un servicio de mesa formal, se reduce la necesidad de personal de servicio y se simplifica la logística, permitiendo a los organizadores centrarse en crear una experiencia culinaria diversa y atractiva.

En conclusión, el montaje tipo buffet es una elección acertada para eventos donde la informalidad, la socialización y la variedad culinaria son elementos clave. Su flexibilidad y capacidad para adaptarse a diferentes ocasiones hacen de este estilo una opción popular y exitosa para crear un ambiente relajado y festivo en una amplia gama de eventos sociales y corporativos.

El montaje tipo buffet se destaca como una opción versátil y amena, especialmente idónea para eventos donde se prioriza la informalidad y la interacción social. Esta modalidad se encuentra comúnmente en recepciones de bodas, eventos corporativos, fiestas y diversas celebraciones que buscan establecer un ambiente relajado y festivo.

Este estilo de montaje ofrece una dinámica diferente en comparación con disposiciones más formales. Al ser frecuentemente utilizado en eventos que promueven la socialización, el buffet permite a los asistentes moverse libremente por el espacio y interactuar entre sí. Esta libertad de movimiento fomenta la espontaneidad y contribuye a crear un ambiente más relajado y festivo.

La elección del montaje tipo buffet en eventos sociales, como recepciones de bodas, se basa en la idea de proporcionar a los invitados una experiencia gastronómica que va más allá de la simple alimentación. Permite a los comensales disfrutar de una variedad de opciones culinarias mientras interactúan con otros invitados, creando así momentos memorables y fortaleciendo los lazos sociales.

En eventos corporativos, donde se busca establecer conexiones informales entre colegas o clientes, el montaje tipo buffet se convierte en una opción estratégica. Facilita la comunicación y la creación de redes al permitir que los participantes se desplacen cómodamente por el espacio, compartan impresiones sobre los platos y disfruten de la compañía de manera más relajada.

La versatilidad del montaje tipo buffet también se evidencia en su capacidad para adaptarse a diversos estilos y temáticas de eventos. Ya sea una fiesta temática, una celebración elegante o una reunión más casual, el buffet puede ser diseñado para satisfacer las necesidades específicas de cada ocasión.

Disposición estratégica de las mesas de buffet

La disposición estratégica de las mesas de buffet facilita el flujo de personas y evita congestiones. Los participantes pueden servirse a su propio ritmo y elegir entre diferentes estaciones de comida, lo que contribuye a una experiencia más personalizada. Además, el montaje tipo buffet ofrece flexibilidad en cuanto a la cantidad y variedad de alimentos, adaptándose a diversos gustos y preferencias.

La disposición estratégica de las mesas de buffet es un aspecto fundamental en la planificación de eventos gastronómicos. Esta disposición no solo influye en la estética general del espacio, sino que también tiene un impacto directo en la experiencia de los participantes. La clave para una disposición efectiva radica en facilitar el flujo de personas, evitar congestiones y ofrecer una experiencia gastronómica fluida y placentera.

La disposición estratégica de las mesas de buffet permite crear un diseño de flujo que guía a los participantes a través de las diferentes estaciones de comida de manera ordenada. Esto se logra colocando las mesas de manera que se evite la formación de aglomeraciones y se promueva la circulación natural de los asistentes. Es esencial considerar la distribución del espacio, asegurándose de que haya suficiente espacio entre las mesas para permitir un fácil desplazamiento.

Este tipo de montaje ofrece a los participantes la libertad de servirse a su propio ritmo y explorar las diversas opciones culinarias disponibles. La disposición estratégica también facilita que los comensales interactúen entre sí mientras comparten impresiones sobre los platos y disfrutan de la variedad de sabores. La flexibilidad del buffet en términos de horarios y ritmo de consumo agrega un elemento de comodidad y personalización a la experiencia.

Otro aspecto crucial de la disposición estratégica es la variedad y cantidad de alimentos presentes en las estaciones. Al ofrecer opciones diversas que abarquen distintos gustos y preferencias, el evento puede adaptarse a la diversidad del público asistente. Esto asegura que cada participante encuentre opciones que se ajusten a sus preferencias dietéticas y creencias culinarias.

En conclusión, la disposición estratégica de las mesas de buffet desempeña un papel fundamental en la creación de una experiencia gastronómica exitosa. Al facilitar el flujo de personas, evitar congestiones y proporcionar opciones variadas, se logra una disposición que no solo agrada visualmente, sino que también contribuye a una experiencia culinaria más cómoda y personalizada para los participantes.

La disposición de mesas tipo buffet también es una excelente opción cuando se espera un gran número de asistentes. Facilita el servicio eficiente de alimentos a una audiencia numerosa, evitando demoras y asegurando que todos los participantes tengan acceso a las opciones culinarias ofrecidas.

Montaje de Mesas Redondas: Versátil y adecuado para una variedad de eventos, desde cenas formales hasta conferencias. Las mesas redondas facilitan la conversación entre los comensales, crean un ambiente más íntimo y permiten una distribución equitativa de la atención.

El montaje de mesas redondas es una opción versátil y eficaz en la planificación de eventos, adaptándose a diversas ocasiones, desde cenas formales hasta conferencias. La elección de este estilo de montaje se basa en la creación de un ambiente más íntimo y en la facilitación de la interacción entre los comensales.

En eventos formales, como cenas de gala o celebraciones corporativas, el montaje de mesas redondas crea una disposición que favorece la conversación. La disposición circular permite que todos los asistentes tengan una visión equitativa y cómoda de la mesa, fomentando la comunicación y la participación en discusiones. Esta distribución simétrica contribuye a una experiencia más social y agradable para los participantes.

La disposición de mesas redondas también es apropiada para eventos más informales, como cenas familiares, bodas y reuniones sociales. La forma circular permite una conversación más fluida y permite que los participantes se sientan más conectados entre sí. Además, este tipo de montaje es particularmente efectivo en eventos donde la interacción y la participación activa son fundamentales.

La disposición de mesas redondas es una elección apropiada y efectiva para eventos que buscan crear un ambiente más informal y fomentar la interacción entre los participantes. Este estilo es particularmente adecuado para cenas familiares, bodas y reuniones sociales donde la conexión entre los invitados es fundamental.

La disposición circular de las mesas redondas facilita una conversación más fluida y una sensación de conexión entre los comensales. A diferencia de otros estilos de montaje, donde los asientos pueden estar más distantes, las mesas redondas permiten que todos los participantes tengan una visión clara y directa de los demás, creando un ambiente más íntimo y sociable. Esta disposición favorece la interacción entre los invitados, ya que se sienten más cómodos conversando y compartiendo en un entorno más cercano.

Este tipo de montaje es especialmente efectivo en eventos donde la participación activa y la interacción son esenciales. Por ejemplo, en cenas familiares o bodas, donde la comunicación y la celebración son fundamentales, la disposición de mesas redondas facilita que los invitados compartan momentos especiales de manera más cercana y participativa. Además, en reuniones sociales, la disposición circular fomenta una atmósfera amena y propicia para que los asistentes se relacionen de manera más natural.

Además de la interacción, la disposición de mesas redondas también es estéticamente agradable y crea un ambiente acogedor. La forma circular suaviza las líneas del espacio, contribuyendo a una sensación de armonía y equilibrio. Esta disposición puede ser especialmente atractiva en eventos más informales, donde se busca una atmósfera relajada y acogedora.

En términos prácticos, la disposición de mesas redondas facilita la logística del servicio y la circulación de los asistentes. El personal de servicio puede moverse fácilmente entre las mesas para atender a los invitados, y la disposición circular permite una distribución equitativa del espacio, evitando áreas congestionadas o desaprovechadas.

En el contexto de conferencias y presentaciones, las mesas redondas ofrecen una distribución equitativa de la atención, permitiendo que los oradores se ubiquen en el centro y sean fácilmente visibles para todos los participantes. Esto promueve una experiencia más inclusiva y garantiza que todos los asistentes tengan una vista clara de la presentación.

La versatilidad del montaje de mesas redondas también se refleja en la flexibilidad de adaptarse a diferentes tamaños de grupos. Pueden combinarse varias mesas para crear arreglos más grandes o separarse para eventos más pequeños. Esta adaptabilidad facilita la planificación logística y permite que el espacio se ajuste a las necesidades específicas de cada evento.

Montaje de Mesas Tipo Coctel

Ideal para eventos sociales y recepciones donde se sirven aperitivos y bebidas. No hay asientos asignados, lo que fomenta la movilidad y la interacción entre los participantes.

El montaje de mesas tipo cóctel es una opción ideal para eventos sociales y recepciones donde se busca una atmósfera dinámica y social. A diferencia de los estilos de montaje con asientos asignados, el montaje tipo cóctel no dispone de mesas con sillas para cada invitado, fomentando así la movilidad y la interacción libre entre los participantes.

Este estilo de montaje se destaca por su informalidad y versatilidad. En lugar de tener mesas con asientos, se colocan varias mesas altas o barras a lo largo del espacio, ofreciendo a los asistentes superficies cómodas para apoyar sus bebidas y platos mientras se mezclan y socializan. Al no haber asientos asignados, los invitados pueden moverse libremente por el evento, interactuar con diferentes personas y disfrutar de una experiencia más dinámica.

El montaje de mesas tipo cóctel es especialmente popular en eventos donde se sirven aperitivos y bebidas en lugar de comidas completas. Es común en recepciones, inauguraciones, lanzamientos de productos y eventos corporativos informales. La disposición abierta y sin restricciones de asientos permite a los participantes disfrutar de la comida y las bebidas de manera más relajada y casual.

La ausencia de asientos asignados también promueve la interacción social. Los invitados pueden circular por el espacio, conversar con diferentes personas y aprovechar al máximo la atmósfera festiva del evento. Esto lo convierte en una elección adecuada para eventos donde la conexión y el networking son objetivos importantes.

La elección del montaje de mesas tipo cóctel, con la ausencia de asientos asignados, juega un papel fundamental en la promoción de la interacción social durante un evento. Al eliminar la restricción de asientos fijos, se crea un ambiente más dinámico y propicio para que los invitados circulen libremente por el espacio, interactúen con diferentes personas y aprovechen al máximo la atmósfera festiva del evento.

La ausencia de asientos asignados fomenta la movilidad y la espontaneidad. Los asistentes tienen la libertad de explorar el lugar, conversar con diversos participantes y participar en diversas conversaciones. Esto no solo facilita la creación de nuevas conexiones, sino que también promueve un ambiente más relajado y amigable. En eventos donde la conexión y el networking son objetivos importantes, este tipo de montaje crea un escenario propicio para el establecimiento de relaciones profesionales o sociales.

La disposición abierta y dinámica de las mesas tipo cóctel contribuye a una experiencia social más inclusiva. Al no tener asignados lugares específicos, los invitados se sienten menos limitados y más inclinados a interactuar con personas que podrían haber pasado desapercibidas en un entorno más estructurado. Esto resulta beneficioso tanto para eventos corporativos, donde se busca promover el intercambio de ideas y colaboración, como para eventos sociales, donde la diversidad de conexiones puede enriquecer la experiencia de los participantes.

Además, este tipo de montaje se adapta especialmente bien a eventos más informales y festivos, como recepciones, fiestas de lanzamiento y eventos sociales. La atmósfera sin restricciones de asientos asignados fomenta una sensación de celebración y alegría, contribuyendo a que los participantes disfruten del momento de manera más relajada y espontánea.

En conclusión, la elección de un montaje de mesas tipo cóctel sin asientos asignados se convierte en una estrategia efectiva para promover la interacción social en eventos. Facilita la movilidad, crea un ambiente relajado y festivo, y maximiza las oportunidades de networking. Este enfoque contribuye a una experiencia más dinámica y enriquecedora para los asistentes, alentándolos a explorar y conectar de manera más abierta y natural.

A nivel estético, el montaje tipo cóctel permite una mayor flexibilidad en la decoración del espacio. Las mesas altas o barras se pueden ubicar estratégicamente para crear zonas de interacción y destacar elementos decorativos. Además, este estilo de montaje es particularmente efectivo en espacios más pequeños, ya que no requiere la disposición de mesas y sillas que podrían ocupar más espacio.

La elección del tipo de montaje de mesas dependerá del propósito y la naturaleza del evento. La disposición de las mesas puede influir en la dinámica del evento, desde fomentar la interacción entre los asistentes hasta crear un ambiente más formal o relajado. La planificación cuidadosa del montaje de mesas es esencial para lograr el ambiente deseado y garantizar una experiencia positiva para los participantes.

Celebración de la Cultura Culinaria

Los eventos gastronómicos sirven como vehículos para celebrar la riqueza y diversidad de la cultura culinaria. Cada plato presenta una historia única, reflejando tradiciones, técnicas y sabores arraigados en el tejido de una comunidad.

Al reunir a amantes de la gastronomía, estos eventos se convierten en plataformas para compartir y preservar la herencia culinaria.

Los eventos gastronómicos trascienden la mera función de alimentar el cuerpo; son verdaderos vehículos que conducen a la celebración de la riqueza y diversidad de la cultura culinaria. Cada plato en estos eventos es más que una combinación de ingredientes; es una narrativa viva que refleja las tradiciones, técnicas y sabores arraigados en el tejido mismo de una comunidad.

En cada bocado, se despliegan historias centenarias, transmitidas a través de generaciones, y se revela el ingenio culinario característico de un grupo de personas. Estos platos se convierten en portadores de la identidad gastronómica de una región, mostrando el legado culinario que define a una comunidad. Así, los eventos gastronómicos se erigen como verdaderas plataformas para la celebración y preservación de la herencia culinaria.

Estos encuentros no solo reúnen a amantes de la gastronomía, sino que también crean espacios para compartir y transmitir conocimientos. Los chefs y cocineros, como guardianes de las tradiciones culinarias, presentan sus creaciones con un propósito más profundo: el de preservar la autenticidad y la singularidad de las recetas que han pasado de generación en generación. Los eventos gastronómicos se convierten, así, en lugares donde se comparte no solo comida exquisita, sino también historias culinarias que conectan el pasado con el presente.

Estos eventos no son simplemente banquetes; son manifestaciones culturales que honran la diversidad gastronómica y sirven como testimonios vivos de la rica herencia culinaria de una comunidad. Al reunir a amantes de la gastronomía, los eventos gastronómicos tejen una red que une a las personas en la apreciación y preservación de las tradiciones culinarias que dan forma a su identidad.

Fomento de la Creatividad Culinaria

La cocina es un arte en constante evolución, y los eventos gastronómicos proporcionan un espacio donde los chefs pueden desplegar su creatividad sin restricciones. Desde la presentación visualmente impactante hasta la combinación innovadora de ingredientes, estos eventos son catalizadores para la experimentación culinaria, impulsando la industria hacia nuevas fronteras gastronómicas.

La cocina es un arte dinámico que se reinventa constantemente, y los eventos gastronómicos se erigen como escenarios privilegiados donde los chefs pueden desplegar su creatividad sin restricciones. Estos encuentros son más que simples banquetes; son verdaderas galerías culinarias donde la innovación y la experimentación se fusionan para crear experiencias gastronómicas únicas.

En estos eventos, los chefs se convierten en artistas culinarios, utilizando platos como lienzos en blanco para expresar su visión y talento. La presentación visualmente impactante es un aspecto esencial, donde la estética se combina con el sabor para proporcionar una experiencia completa. Cada plato se convierte en una obra de arte comestible, desafiando las expectativas y transportando a los comensales a un viaje sensorial.

La experimentación culinaria florece en estos escenarios. Desde la selección de ingredientes inusuales hasta la aplicación de técnicas vanguardistas, los chefs encuentran en los eventos gastronómicos la libertad para explorar nuevas fronteras. La combinación innovadora de sabores y texturas se convierte en una firma distintiva de estos encuentros, desafiando los paladares y expandiendo los límites tradicionales de la gastronomía.

Estos eventos no solo son escaparates para la creatividad individual, sino también impulsores de tendencias en la industria gastronómica. La experimentación en estos contextos se traduce en descubrimientos que pueden influir en prácticas culinarias más amplias, marcando el comienzo de nuevas corrientes y enfoques gastronómicos.

Los eventos gastronómicos no solo ofrecen delicias para el paladar, sino que también actúan como catalizadores para la evolución constante de la cocina. Son plataformas donde la creatividad culinaria se libera, y la experimentación florece, impulsando a la industria hacia horizontes gastronómicos inexplorados y deslumbrantes.

Experiencias Memorables para los Comensales

Los eventos gastronómicos ofrecen a los comensales la oportunidad de vivir experiencias sensoriales únicas e inolvidables. Cada bocado se convierte en un viaje emocional, y la ambientación cuidadosamente diseñada agrega capas de disfrute a la experiencia global. La calidad de la comida, el servicio y la atmósfera se fusionan para crear recuerdos duraderos en la mente y el paladar de los participantes.

Los eventos gastronómicos trascienden la simple ingesta de alimentos para convertirse en experiencias sensoriales inolvidables. Cada bocado se convierte en un viaje emocional, una sinfonía de sabores que despiertan los sentidos y crean recuerdos duraderos. En este escenario culinario, la comida no es simplemente nutrición, sino una manifestación de arte que deleita y emociona.

La ambientación cuidadosamente diseñada desempeña un papel crucial en la creación de estas experiencias memorables. Desde la elección del espacio hasta la disposición de mesas y la iluminación, cada detalle contribuye a la atmósfera única de cada evento gastronómico. La estética se convierte en un complemento esencial de la experiencia culinaria, agregando capas de disfrute y elevando la comida a una experiencia multisensorial.

La calidad de la comida, el servicio y la atmósfera se fusionan en una danza armoniosa para cautivar a los comensales. Los chefs, como artistas culinarios, despliegan su maestría en la creación de platos que no solo satisfacen el paladar, sino que también narran historias a través de la presentación y combinación de sabores. El servicio atento y la atención a los detalles contribuyen a una experiencia holística, donde cada interacción con la comida se convierte en un momento para recordar.

Estos eventos se convierten en el lienzo donde los comensales pintan sus propios recuerdos. La conjunción de elementos sensoriales crea una experiencia única, marcada por la excelencia culinaria, la hospitalidad y el ambiente encantador. Así, los eventos gastronómicos no son solo momentos fugaces de satisfacción, sino experiencias que perduran en la memoria, dejando una huella imborrable en la mente y el paladar de quienes participan. En resumen, más allá de la gastronomía, estos eventos ofrecen un banquete para los sentidos, tejiendo historias que se saborean y se recuerdan mucho después de que la última migaja se haya desvanecido.

Impulso a la Industria Alimentaria Local

Estos eventos no solo destacan la excelencia culinaria, sino que también contribuyen al crecimiento y desarrollo de la industria alimentaria local. Al destacar a productores locales, agricultores y chefs regionales, los eventos gastronómicos promueven la sostenibilidad y fortalecen las conexiones dentro de la comunidad gastronómica.

Los eventos gastronómicos son verdaderas experiencias sensoriales que van más allá de la simple ingesta de alimentos. Cada bocado se convierte en un viaje emocional, una exploración de sabores que despiertan los sentidos y dan forma a recuerdos duraderos. En este escenario culinario, la comida se eleva a la categoría de arte, manifestándose como una expresión creativa que deleita y emociona.

La ambientación cuidadosamente diseñada juega un papel esencial en la creación de estas experiencias memorables. Desde la elección del espacio hasta la disposición de mesas y la iluminación, cada detalle contribuye a la atmósfera única de cada evento gastronómico. La estética se convierte en un elemento esencial de la experiencia culinaria, añadiendo capas de disfrute y transformando la comida en una experiencia multisensorial.

La calidad de la comida, el servicio y la atmósfera se entrelazan en una danza armoniosa para cautivar a los comensales. Los chefs, como auténticos artistas culinarios, despliegan su maestría en la creación de platos que no solo satisfacen el paladar, sino que también cuentan historias a través de la presentación y combinación de sabores. El servicio atento y la atención a los detalles contribuyen a una experiencia holística, donde cada interacción con la comida se convierte en un momento digno de recordar.

Estos eventos se transforman en lienzos en blanco donde los comensales pintan sus propios recuerdos. La fusión de elementos sensoriales crea una experiencia única, caracterizada por la excelencia culinaria, la hospitalidad y un ambiente encantador.

Así, los eventos gastronómicos no son meros momentos fugaces de satisfacción, sino vivencias que perduran en la memoria, dejando una huella imborrable en la mente y el paladar de quienes participan. En resumen, más allá de ser simplemente experiencias gastronómicas, estos eventos ofrecen un festín para los sentidos, tejido con historias que se saborean y se recuerdan mucho después de que la última migaja se haya desvanecido.

Reconocemos la trascendental importancia de los eventos gastronómicos como catalizadores culturales, fuentes de inspiración culinaria y creadores de momentos imborrables. Al comprender la magnitud de su impacto, estaremos mejor equipados para sumergirnos en los siguientes pasos de esta guía, listos para dar vida a eventos culinarios inolvidables.

Capítulo 2

Planificación del Evento

La planificación del evento es el cimiento sobre el cual se construye el éxito de cualquier experiencia gastronómica. Este proceso meticuloso abarca desde la definición de objetivos hasta la materialización de cada detalle, asegurando que el evento se desarrolle sin contratiempos y cumpla con las expectativas tanto de los organizadores como de los participantes.

En primer lugar, es esencial establecer claramente los objetivos del evento. ¿Se trata de una celebración cultural, un lanzamiento de productos o un festival gastronómico? Definir los propósitos ayudará a dar dirección a la planificación y garantizará que cada aspecto del evento contribuya a alcanzar esos objetivos específicos.

La identificación del público objetivo es otro paso fundamental en la planificación. Conocer a quién va dirigido el evento permite adaptar la propuesta gastronómica, la promoción y la logística para satisfacer las expectativas y necesidades de los asistentes. La elección del tema y concepto gastronómico es otro aspecto clave, ya que define la atmósfera y la experiencia que se busca ofrecer.

La gestión del tiempo es esencial en la planificación del evento. Establecer fechas y horarios claros facilita la coordinación de proveedores, participantes y equipos de trabajo. Además, la planificación financiera cuidadosa, que incluye la elaboración de un presupuesto detallado y la identificación de fuentes de financiamiento, garantiza la viabilidad económica del evento.

La selección del espacio es un elemento crucial que impacta directamente en la experiencia de los participantes. Evaluar diferentes locaciones, considerando capacidades, requisitos técnicos y ubicación, asegura que el lugar elegido se ajuste perfectamente a las necesidades del evento.

La planificación del evento no solo aborda los aspectos logísticos, sino también la creación del menú, la contratación de servicios y la elaboración de estrategias de marketing. Este proceso integral es la columna vertebral que sostiene la realización de eventos gastronómicos inolvidables, asegurando que cada detalle sea cuidadosamente considerado para ofrecer una experiencia excepcional a los asistentes. En resumen, la planificación del evento es el arte de anticiparse y prepararse para transformar una visión en una realidad culinaria que trascienda las expectativas de quienes participan.

Identificación del público objetivo

La identificación del público objetivo es un pilar fundamental en la organización de eventos gastronómicos y se erige como un capítulo esencial en la "Guía de Montaje de Eventos Gastronómicos". Este paso estratégico no solo define la audiencia a la que se dirigirá el evento, sino que también influye en la temática, el menú y las estrategias de promoción, asegurando una experiencia gastronómica que resuene con las expectativas y preferencias del público.

En este capítulo, se explorará la importancia de conocer a fondo a la audiencia a la que se desea llegar. Desde la demografía hasta los hábitos de consumo, cada aspecto que define al público objetivo será desglosado para comprender sus gustos, expectativas y necesidades en términos gastronómicos.

La identificación del público objetivo no solo se trata de segmentar a la audiencia por características demográficas, sino también de comprender sus preferencias culinarias y su nivel de familiaridad con la gastronomía. ¿Se trata de amantes de la alta cocina, aficionados a la cocina internacional o entusiastas de la comida callejera? Cada segmento implica diferentes enfoques en la planificación y ejecución del evento.

Además, se abordarán estrategias para obtener información sobre el público objetivo, desde encuestas y análisis de datos hasta la observación directa. Con una comprensión profunda de quiénes son los participantes potenciales, los organizadores podrán adaptar la propuesta gastronómica, elegir un espacio adecuado y desarrollar estrategias de marketing efectivas.

La identificación del público objetivo se presenta como un paso clave en la personalización de la experiencia del evento. Este capítulo proporcionará herramientas prácticas y consejos para que los organizadores puedan afinar sus eventos gastronómicos de manera que resuenen con la audiencia deseada, creando así experiencias culinarias que cautiven y satisfagan las expectativas de quienes asisten.

Elección del Tema y Concepto Gastronómico: La Esencia del Evento Culinario Inolvidable

La elección del tema y concepto gastronómico marca el inicio de la travesía para montar eventos culinarios inolvidables, y en este capítulo de la "Guía de Montaje de Eventos Gastronómicos," exploramos la importancia de este paso clave y cómo puede definir el carácter y la esencia de la experiencia gastronómica.

Definiendo la Identidad del Evento: La elección del tema no es simplemente una cuestión estética; es la base sobre la cual se construirá toda la narrativa del evento. ¿Será un festival que celebre la fusión de cocinas internacionales o una experiencia temática centrada en la gastronomía local? Al definir la identidad del evento, se establece el tono para la planificación y ejecución, guiando las decisiones desde la selección del menú hasta la ambientación del espacio.

Definir la identidad del evento mediante la elección del tema va más allá de una cuestión estética; constituye la piedra angular sobre la cual se construye toda la narrativa del acontecimiento. Esta elección estratégica determina si el evento será un vibrante festival que celebre la fusión de cocinas internacionales o una experiencia temática profundamente arraigada en la gastronomía local. Esta decisión inicial establece el tono para la planificación y ejecución del evento, desempeñando un papel guía que influye en todas las decisiones, desde la selección del menú hasta la ambientación del espacio.

La identidad del evento es como el ADN que impregna cada aspecto de la experiencia gastronómica. Si el tema es un festival internacional, la planificación podría incluir una cuidadosa selección de platillos representativos de diversas culturas, así como la integración de elementos decorativos que reflejen la diversidad global. En cambio, si el enfoque es la gastronomía local, la elección de ingredientes autóctonos y la colaboración con chefs regionales pueden ser aspectos destacados.

Esta definición de identidad no solo sirve como un faro en la fase de planificación, sino que también guía la ejecución del evento, asegurando que cada detalle contribuya a la historia general que se pretende contar. La coherencia en la aplicación del tema crea una experiencia envolvente y memorable para los asistentes, sumergiéndolos en una narrativa culinaria única.

Así, la elección del tema se convierte en una estrategia esencial para conectar con la audiencia objetivo y proporcionar una experiencia culinaria auténtica. Ya sea explorando las delicias de todo el mundo o celebrando la riqueza local, la definición de la identidad del evento a través del tema es la clave para construir un relato gastronómico cohesivo y cautivador. En resumen, este proceso va más allá de la mera estética; es la esencia que da vida a eventos culinarios inolvidables.

Alineando con la Audiencia: El tema y concepto gastronómico deben resonar con la audiencia objetivo del evento. Si se trata de un público amante de la cocina gourmet, el tema podría centrarse en la alta cocina y la sofisticación culinaria. Por otro lado, si el público es más orientado hacia lo informal y experimental, el concepto podría explorar opciones como food trucks y cocina callejera. La alineación con los gustos y preferencias del público asegura una conexión más profunda y una experiencia más memorable.

Alinear el tema y concepto gastronómico con la audiencia es un componente esencial en la creación de eventos culinarios memorables. Este proceso estratégico implica entender a fondo los gustos y preferencias del público objetivo y ajustar el enfoque temático en consecuencia.

Cuando la audiencia tiene una inclinación hacia la cocina gourmet y la sofisticación culinaria, el tema del evento puede centrarse en la alta cocina. Este enfoque implica la incorporación de ingredientes exclusivos, técnicas culinarias refinadas y presentaciones elegantes. La elección de un tema gourmet busca satisfacer el paladar exigente de una audiencia que valora la calidad, la creatividad y la exquisitez en cada bocado.

En contraste, si la audiencia es más propensa a lo informal y experimental, el concepto gastronómico podría explorar opciones como food trucks y cocina callejera. Este enfoque vibrante y accesible se alinea con un público que valora la autenticidad, la variedad y la experiencia culinaria casual. La elección de un tema más relajado busca conectar con una audiencia que busca disfrutar de la comida en un ambiente desenfadado y sin pretensiones.

La clave reside en comprender las preferencias del público y ajustar la propuesta gastronómica en consecuencia. La alineación con los gustos del público asegura una conexión más profunda, creando una experiencia que resuene con los asistentes y deje una impresión duradera. La elección acertada del tema no solo satisface el paladar, sino que también establece una conexión emocional, llevando la experiencia más allá de lo gastronómico para convertirla en un evento que responde directamente a las expectativas y deseos del público.

En resumen, alinear el tema y concepto gastronómico con la audiencia es un componente esencial para el éxito de un evento culinario. Esta conexión estratégica crea una experiencia más memorable y significativa, donde la propuesta culinaria se convierte en un reflejo auténtico de los gustos y preferencias de quienes asisten.

Inspiración en Tendencias y Tradiciones

La elección del tema puede encontrar inspiración tanto en las tendencias gastronómicas contemporáneas como en las tradiciones culinarias arraigadas. La fusión de lo moderno y lo clásico puede generar un concepto único y atractivo. Explorar nuevas corrientes culinarias, como la alimentación consciente o la cocina de autor, puede dar un giro innovador al evento, mientras que la incorporación de tradiciones locales puede generar un sentido de arraigo y autenticidad.

La elección del tema y concepto gastronómico se enriquece al encontrar inspiración tanto en las tendencias gastronómicas contemporáneas como en las profundas tradiciones culinarias. Este enfoque dinámico permite la creación de eventos culinarios que fusionan lo moderno y lo clásico, generando un concepto único y atractivo para la audiencia.

Por un lado, la incorporación de tendencias gastronómicas contemporáneas ofrece una oportunidad para explorar terrenos innovadores. Temas como la alimentación consciente o la cocina de autor pueden servir como puntos de partida para eventos que buscan ofrecer experiencias gastronómicas vanguardistas. La elección de conceptos modernos no solo satisface la curiosidad de los participantes, sino que también sitúa al evento en la vanguardia de las corrientes culinarias actuales.

Por otro lado, la incorporación de tradiciones culinarias arraigadas añade un toque de autenticidad y conexión cultural al evento. Explorar las riquezas de las tradiciones locales puede generar un sentido de arraigo y autenticidad, transportando a los participantes a través de una experiencia que honra las raíces culinarias de una comunidad. La fusión de lo tradicional con lo contemporáneo crea un equilibrio armonioso que resuena con una amplia variedad de paladares y sensibilidades gastronómicas.

Este enfoque híbrido permite a los organizadores del evento navegar entre la innovación y la autenticidad, capturando la atención de una audiencia diversa. Al inspirarse en tendencias y tradiciones, se puede crear un concepto gastronómico que sea tanto atractivo como significativo. La elección de temas que equilibran lo moderno con lo clásico ofrece una experiencia completa, donde los participantes pueden explorar nuevas propuestas culinarias mientras se sumergen en la riqueza de la herencia gastronómica.

Así que, la elección del tema y concepto gastronómico inspirado en tendencias y tradiciones permite la creación de eventos culinarios que se destacan por su originalidad y autenticidad. Este enfoque dinámico se traduce en experiencias memorables que cautivan a la audiencia, ofreciendo una combinación única de innovación contemporánea y respeto por las raíces culinarias.

Diseñando Experiencias Inmersivas: El concepto gastronómico no solo se limita al menú; se extiende a la experiencia completa del evento. ¿Cómo interactuarán los participantes con la comida? ¿Se explorarán maridajes innovadores? ¿Habrá demostraciones culinarias en vivo? El diseño de este tipo de experiencias en torno al tema eleva la calidad del evento y proporciona a los asistentes momentos memorables que van más allá de la simple degustación.

Diseñar en torno al concepto gastronómico no solo implica la creación de un menú excepcional, sino que busca transformar la participación de los asistentes en una experiencia envolvente y memorable. Este enfoque eleva la calidad del evento, y en este capítulo de la "Guía de Montaje de Eventos Gastronómicos," exploraremos cómo el diseño de estas experiencias va más allá de la simple degustación.

En primer lugar, el diseño inmersivo implica la interacción activa de los participantes con la comida. ¿Cómo se presentarán los platos? ¿Se fomentará la participación en la preparación de algunos platillos? Estas consideraciones añaden una capa de dinamismo a la experiencia culinaria, permitiendo a los asistentes involucrarse de manera más activa en el proceso y creando un vínculo más profundo con la propuesta gastronómica.

Los maridajes innovadores son otro elemento crucial en la creación de experiencias. La armonización de vinos, cócteles u otras bebidas con los platos del menú puede elevar la degustación a una experiencia sensorial completa. Explorar combinaciones audaces y creativas puede despertar nuevos paladares y brindar a los participantes una experiencia culinaria más enriquecedora y educativa.

La inclusión de demostraciones culinarias en vivo es una estrategia efectiva para proporcionar a los asistentes una visión más profunda del proceso detrás de los platos. La presencia de chefs o expertos que compartan técnicas, historias y secretos culinarios agrega un componente educativo y emocional, creando momentos memorables que van más allá de la mera degustación.

El diseño inmersivo busca estimular todos los sentidos, no solo el gusto. Elementos visuales, como la presentación artística de los platos o la decoración del espacio, contribuyen a la creación de una experiencia completa y estética. Además, la elección de música ambiental y la consideración de la iluminación pueden influir en la atmósfera, agregando capas de disfrute y enriquecimiento.

En resumen, diseñar estas experiencias alrededor del concepto gastronómico implica pensar más allá del menú, buscando involucrar a los participantes de manera activa y ofrecer momentos memorables. Este enfoque integral transforma un evento culinario en una experiencia multisensorial, donde cada detalle contribuye a la creación de recuerdos duraderos.

Coherencia en la Ejecución: La elección del tema y concepto gastronómico debe permear todos los aspectos del evento, desde la decoración hasta la presentación de los platos. La coherencia en la ejecución asegura una experiencia fluida y armoniosa, donde cada elemento contribuye a la narrativa general. Un evento bien ejecutado, donde cada detalle refleja el tema elegido, crea una experiencia envolvente y convincente para los participantes.

La coherencia en la ejecución es un principio fundamental cuando se elige un tema y concepto gastronómico para un evento. Este enfoque asegura que la identidad del evento impregne todos los aspectos, desde la decoración hasta la presentación de los platos, creando una experiencia integral y envolvente para los participantes.

La elección del tema debe ser más que una mera estética; debe ser la esencia que guía todas las decisiones en la planificación y ejecución del evento. Desde la elección del espacio hasta la disposición de las mesas y la selección de colores, cada detalle debe reflejar y reforzar el tema elegido. La decoración del lugar se convierte en un lienzo donde se pinta la narrativa gastronómica, sumergiendo a los asistentes en una experiencia visual que anticipa el festín culinario por venir.

La coherencia también se refleja en la presentación de los platos. Cada creación culinaria debe ser una manifestación del tema, desde la elección de ingredientes hasta la disposición en el plato. La presentación estética y la alineación con la temática contribuyen a la inmersión total de los participantes en la experiencia gastronómica, creando una conexión más profunda entre el concepto y la degustación.

La experiencia culinaria, en su conjunto, se convierte en una narrativa coherente y armoniosa. La música, la iluminación y cualquier otro elemento ambiental deben estar sincronizados con el tema, contribuyendo a la atmósfera general del evento. La cohesión en la ejecución no solo añade estética, sino que también garantiza una experiencia fluida y convincente para los participantes, donde cada detalle contribuye a la narrativa general del evento.

La coherencia en la ejecución es esencial para lograr que un evento gastronómico sea memorable y convincente. Cuando cada aspecto refleja de manera consistente el tema y concepto elegido, se crea una experiencia envolvente que cautiva a los participantes y los sumerge en una travesía culinaria cohesiva y cautivadora.

La elección del tema y concepto gastronómico no solo define la estética del evento, sino que también establece su identidad y conexión con la audiencia. Este capítulo de la guía proporciona herramientas y consejos prácticos para que los organizadores puedan seleccionar y desarrollar temas que den vida a eventos culinarios inolvidables, asegurando que cada detalle contribuya a la creación de una experiencia gastronómica única y memorable.

Establecimiento de fechas y horarios

El establecimiento de fechas y horarios en la planificación de eventos gastronómicos es una tarea crítica que proporciona el marco temporal esencial para la ejecución exitosa del proyecto. Este proceso implica seleccionar cuidadosamente las fechas en las que el evento se llevará a cabo, así como definir los horarios específicos de inicio y finalización.

La elección de fechas debe considerar diversos factores, como la disponibilidad de proveedores clave, la estacionalidad de los ingredientes, eventos concurrentes y la audiencia objetivo. Además, establecer horarios precisos garantiza una coordinación eficiente de todas las actividades planificadas, desde la preparación de alimentos hasta las presentaciones en vivo y las interacciones con los participantes.

La sincronización adecuada de fechas y horarios no solo facilita la logística interna, sino que también influye en la asistencia y participación del público. Asegurarse de que el evento se lleve a cabo en momentos convenientes y accesibles para la audiencia objetivo maximiza la oportunidad de éxito. Este capítulo de la guía proporcionará pautas prácticas para la toma de decisiones efectiva en cuanto a fechas y horarios, contribuyendo así a la planificación y ejecución sin contratiempos de eventos gastronómicos inolvidables.

Presupuesto y financiamiento

Este capítulo dedicado al "Presupuesto y Financiamiento" en la "Guía de Montaje de Eventos Gastronómicos" aborda un aspecto crucial para la viabilidad y éxito de cualquier evento. La planificación financiera cuidadosa es esencial para garantizar que el evento cuente con los recursos necesarios y se desarrolle de manera sostenible.

En primer lugar, el proceso de presupuesto implica una evaluación exhaustiva de los costos asociados con la organización del evento. Esto incluye aspectos como la renta del espacio, la contratación de chefs y personal, la adquisición de ingredientes y suministros, la decoración, la promoción y cualquier otro gasto operativo. El objetivo es establecer una estimación realista de los costos totales, permitiendo una asignación adecuada de recursos.

La identificación de fuentes de financiamiento es otra faceta esencial del proceso. Dependiendo de la naturaleza del evento, las fuentes pueden variar e incluir patrocinios corporativos, venta de entradas, acuerdos con proveedores y colaboraciones estratégicas. Este capítulo proporcionará estrategias para maximizar los ingresos y diversificar las fuentes de financiamiento, reduciendo la dependencia de una única fuente.

La gestión eficiente del presupuesto es crucial para evitar desviaciones que puedan afectar negativamente la calidad del evento. La asignación de recursos debe ser estratégica, priorizando aquellos aspectos que contribuyen significativamente a la experiencia del participante y a los objetivos del evento. Además, se ofrecerán consejos prácticos para negociar con proveedores, buscar ofertas y optimizar los recursos disponibles.

La transparencia en la gestión financiera es un elemento fundamental que inspira confianza tanto en los participantes como en los posibles patrocinadores. La guía abordará la importancia de llevar un registro detallado de los gastos, evaluar el rendimiento financiero durante y después del evento, y ajustar estrategias para futuras ediciones.

En resumen, el capítulo sobre "Presupuesto y Financiamiento" en la guía proporcionará una hoja de ruta completa para la planificación financiera de eventos gastronómicos. Desde la estimación de costos hasta la búsqueda de fuentes de financiamiento y la gestión eficiente de los recursos, la guía ofrecerá herramientas prácticas y estrategias para garantizar que cada evento gastronómico sea financieramente sólido y pueda cumplir con sus objetivos de manera exitosa.

Capítulo 3

Los Costos del Montaje de un Evento Gastronómico

En la organización de eventos gastronómicos, comprender y gestionar los costos es esencial para el éxito y la sostenibilidad del proyecto. Este capítulo abordará detalladamente los diversos aspectos económicos involucrados en el montaje de un evento culinario, proporcionando una visión clara para los organizadores.

La realización de eventos gastronómicos implica un desafío único, donde la fusión de creatividad culinaria y gestión financiera eficiente es fundamental. Este capítulo se sumerge en la compleja trama de costos que rodea la organización de eventos culinarios, delineando estrategias para optimizar cada inversión y garantizar tanto la excelencia culinaria como la sostenibilidad económica del proyecto.

1. Presupuesto Inicial:

Definir un presupuesto inicial es el primer paso crucial. Esto implica estimar los costos de todos los aspectos del evento, desde la comida y la decoración hasta la logística y el personal.

Definir un presupuesto inicial es el cimiento fundamental al planificar un evento gastronómico. Este proceso implica una evaluación minuciosa de todos los elementos involucrados, desde los costos asociados con la selección del espacio hasta la ejecución de estrategias de marketing y la contratación de personal. Establecer un presupuesto sólido desde el principio proporciona una guía clara y una base sobre la cual construir cada fase del evento.

En primer lugar, se deben contemplar los costos relacionados con la alimentación, desde la adquisición de ingredientes hasta la presentación de los platos. Una comprensión detallada de estos costos permite tomar decisiones informadas sobre la creación del menú y la negociación con proveedores, garantizando la calidad deseada dentro de los límites presupuestarios.

La selección y preparación del espacio también constituye un componente significativo. El alquiler de instalaciones, servicios logísticos y decoración deben ser considerados, junto con las estrategias para optimizar el uso del espacio de manera eficiente y atractiva.

El personal es un elemento crucial en eventos gastronómicos. La contratación de chefs, personal de servicio y seguridad tiene costos asociados que deben ser integrados en el presupuesto. Estrategias para maximizar la eficiencia y garantizar la calidad del servicio deben ser cuidadosamente evaluadas.

Asimismo, asignar fondos para estrategias de marketing y publicidad es esencial. Desde campañas en redes sociales hasta colaboraciones con influencers, estos costos deben estar alineados con los objetivos del evento y la audiencia objetivo.

Además, el presupuesto debe reservar una partida para contingencias y gastos imprevistos. Establecer un fondo de reserva garantiza la capacidad de enfrentar cualquier eventualidad sin comprometer la calidad del evento.

2. Costos de Alimentación:

Evaluar los gastos relacionados con la adquisición de ingredientes, la preparación de los platos y la presentación de la comida. Se explorarán estrategias para maximizar la calidad mientras se gestiona eficientemente el presupuesto asignado.

Los costos asociados con la alimentación son una parte esencial del presupuesto para eventos gastronómicos y deben ser evaluados de manera exhaustiva para garantizar la calidad deseada dentro de los límites presupuestarios. Esta categoría incluye los gastos relacionados con la adquisición de ingredientes, la preparación de los platos y la presentación de la comida.

En primer lugar, la selección de ingredientes impacta directamente en el presupuesto. La elección de productos frescos y de alta calidad puede aumentar los costos, pero es esencial para ofrecer una experiencia culinaria excepcional. Estrategias para maximizar la eficiencia en la adquisición de ingredientes, como la negociación con proveedores y la compra a granel, pueden ayudar a controlar estos costos.

La selección de ingredientes desempeña un papel fundamental en el presupuesto de eventos gastronómicos. La elección de productos frescos y de alta calidad es esencial para proporcionar una experiencia culinaria excepcional, pero puede aumentar significativamente los costos asociados. Para equilibrar la calidad con la gestión del presupuesto, se pueden implementar diversas estrategias.

En primer lugar, la negociación efectiva con proveedores es clave. Establecer relaciones sólidas con distribuidores y productores permite obtener precios más competitivos y, en algunos casos, acuerdos exclusivos que pueden resultar beneficiosos. Además, la compra a granel es una táctica efectiva para maximizar la eficiencia en la adquisición de ingredientes. Al comprar grandes cantidades, se pueden obtener descuentos significativos y reducir los costos unitarios.

La planificación y la gestión eficientes de inventarios son aspectos cruciales para controlar los costos de los ingredientes. Evitar el desperdicio y optimizar el uso de cada componente contribuyen a maximizar el valor de cada compra. Los chefs y equipos de cocina deben estar involucrados en la planificación para garantizar una utilización efectiva de los ingredientes sin comprometer la calidad de los platos.

Además, la diversificación de proveedores puede ser beneficiosa. Trabajar con diferentes proveedores para diferentes categorías de alimentos puede ofrecer opciones competitivas y reducir la dependencia de un solo proveedor. La variedad de opciones permite una mayor flexibilidad en la negociación y en la adaptación a diferentes presupuestos.

La preparación de los platos es otra área crítica. Implica los salarios de los chefs y personal de cocina, así como los costos operativos de la cocina. La optimización de los procesos y la planificación eficiente de la mano de obra son estrategias clave para mantener estos costos bajo control sin comprometer la calidad.

Preparar los platos constituye una parte crítica en la gestión de costos de eventos gastronómicos, abarcando los salarios del personal de cocina, incluidos chefs y ayudantes, así como los costos operativos asociados con la cocina. Para mantener estos costos bajo control sin sacrificar la calidad culinaria, es fundamental implementar estrategias que optimicen los procesos y planifiquen eficientemente la mano de obra.

En primer lugar, la eficiencia operativa en la cocina es clave. Esto implica la organización y coordinación efectiva de las tareas, maximizando el rendimiento de cada miembro del equipo. La asignación adecuada de roles y responsabilidades asegura un flujo de trabajo fluido y reduce el tiempo de preparación, contribuyendo así a la eficiencia general de la cocina.

La planificación anticipada es crucial para la gestión de la mano de obra. Conocer la demanda estimada del evento y ajustar la cantidad de personal en consecuencia evita la sobrecontratación y, por ende, costos innecesarios. Además, la capacitación adecuada del personal puede aumentar la eficiencia y minimizar errores en la preparación de los platos.

La implementación de tecnologías y herramientas eficaces en la cocina también puede mejorar la productividad. Desde sistemas de gestión de pedidos hasta equipos de cocina modernos, la adopción de tecnologías puede reducir el tiempo de preparación y aumentar la calidad de los platos.

Mantener una comunicación abierta con el personal de cocina es esencial para identificar oportunidades de mejora y resolver problemas de manera eficiente. La retroalimentación constante puede ayudar a ajustar la planificación operativa y optimizar los procesos continuamente.

En conclusión, la optimización de la preparación de platos en eventos gastronómicos implica estrategias como la eficiencia operativa, la planificación anticipada, la capacitación del personal y la adopción de tecnologías. Estas prácticas contribuyen a mantener bajos los costos operativos sin comprometer la calidad del servicio culinario.

La presentación de la comida también contribuye a los costos de alimentación. Elementos como la vajilla, la decoración y la creatividad en la presentación añaden un valor estético al evento, pero deben ser cuidadosamente planificados para no exceder el presupuesto. La negociación con proveedores de servicios de catering y la búsqueda de soluciones creativas y rentables pueden ser cruciales en este aspecto.

La presentación de la comida en eventos gastronómicos es un aspecto tan importante que, contribuye a la experiencia del participante, pero también incide en los costos de alimentación. Elementos como la vajilla, la decoración y la creatividad en la presentación agregan un valor estético al evento, pero es esencial planificar cuidadosamente para no exceder el presupuesto asignado.

La vajilla y los utensilios utilizados para servir la comida pueden variar en términos de costo, calidad y estilo. Negociar con proveedores de servicios de catering puede ser una estrategia efectiva para obtener precios competitivos y encontrar opciones que se ajusten al presupuesto establecido. Además, considerar el alquiler de vajilla en lugar de la compra puede ser una alternativa rentable, especialmente para eventos temporales.

La decoración de los platos también puede afectar los costos. Estrategias como la utilización de ingredientes locales y de temporada pueden no solo agregar frescura a los platos, sino también reducir costos al aprovechar productos en su mejor momento y disponibilidad. Además, la creatividad en la presentación puede lograrse de manera rentable al explorar opciones sencillas pero impactantes que no impliquen un gasto excesivo en elementos decorativos.

Es crucial encontrar un equilibrio entre la presentación estética y la gestión de costos. Buscar soluciones creativas que se alineen con la temática del evento sin comprometer la calidad es fundamental. Además, la reutilización de elementos decorativos o vajilla puede ser considerada para eventos futuros, proporcionando una inversión a largo plazo.

La estrategia para maximizar la calidad mientras se gestiona eficientemente el presupuesto asignado implica una comprensión profunda de cada etapa del proceso de alimentación. La coordinación entre chefs, planificación eficiente de la mano de obra y negociación efectiva con proveedores son claves para lograr este equilibrio.

Así que, los costos de alimentación son una parte central del presupuesto para eventos gastronómicos y deben ser evaluados con atención para garantizar la excelencia culinaria sin comprometer la sostenibilidad financiera del evento.

Los costos de alimentación son una parte esencial del presupuesto para eventos gastronómicos y requieren una evaluación detallada para garantizar tanto la excelencia culinaria como la sostenibilidad financiera del evento. En este sentido, definir un presupuesto inicial es el primer paso crucial. Esto implica estimar los costos de todos los aspectos del evento relacionados con la alimentación, desde la adquisición de ingredientes hasta la presentación de los platos y los gastos operativos de la cocina.

La selección de ingredientes impacta directamente en los costos de alimentación. Optar por productos frescos y de alta calidad puede aumentar los gastos, pero es fundamental para ofrecer una experiencia culinaria excepcional. Estrategias como la negociación con proveedores y la compra a granel pueden ayudar a controlar estos costos, maximizando la eficiencia en la adquisición de ingredientes.

La preparación de los platos también constituye una parte significativa de los costos de alimentación, incluyendo salarios del personal de cocina y gastos operativos. La optimización de procesos y la planificación eficiente de la mano de obra son estrategias clave para mantener estos costos bajo control sin comprometer la calidad de los platos.

La presentación de la comida agrega otro nivel de complejidad a los costos. Elementos como la vajilla, la decoración y la creatividad en la presentación son aspectos estéticos importantes, pero deben ser planificados cuidadosamente para no exceder el presupuesto asignado.

Entonces, evaluar y gestionar los costos de alimentación en eventos gastronómicos implica un enfoque integral que abarca desde la selección de ingredientes hasta la presentación final. Esta gestión cuidadosa garantiza que la experiencia culinaria sea excepcional mientras se mantiene la viabilidad financiera del evento.

3. Gastos de Espacio y Logística:

Analizar los costos asociados con la selección y preparación del espacio. Esto incluye tarifas de alquiler, servicios de limpieza, seguridad y cualquier requisito logístico necesario para garantizar un entorno óptimo para el evento.

Los gastos de espacio y logística son componentes fundamentales a considerar en la planificación presupuestaria de eventos gastronómicos. Esta categoría abarca diversos costos asociados con la selección y preparación del espacio para garantizar un entorno óptimo para el evento. Algunos de los elementos clave que deben analizarse incluyen las tarifas de alquiler del lugar, servicios de limpieza, seguridad y cualquier requisito logístico específico.

Las tarifas de alquiler del espacio son uno de los mayores gastos en este aspecto. Se debe evaluar cuidadosamente la idoneidad del lugar en relación con la temática y el concepto gastronómico del evento, así como la capacidad del espacio para albergar cómodamente a los participantes. Negociar tarifas competitivas y comprender los detalles del contrato de alquiler son prácticas esenciales para controlar este componente del presupuesto.

Los servicios de limpieza son esenciales para mantener la higiene y presentación del lugar durante y después del evento. Se deben anticipar los costos asociados con la limpieza antes y después del evento, así como cualquier servicio adicional necesario durante la celebración.

Los gastos de espacio y logística son componentes fundamentales a considerar en la planificación presupuestaria de eventos gastronómicos. Esta categoría abarca diversos costos asociados con la selección y preparación del espacio para garantizar un entorno óptimo para el evento. Algunos de los elementos clave que deben analizarse incluyen las tarifas de alquiler del lugar, servicios de limpieza, seguridad y cualquier requisito logístico específico.

Las tarifas de alquiler del espacio son uno de los mayores gastos en este aspecto. Se debe evaluar cuidadosamente la idoneidad del lugar en relación con la temática y el concepto gastronómico del evento, así como la capacidad del espacio para albergar cómodamente a los participantes.

Negociar tarifas competitivas y comprender los detalles del contrato de alquiler son prácticas esenciales para controlar este componente del presupuesto.

Los servicios de limpieza son esenciales para mantener la higiene y presentación del lugar durante y después del evento. Se deben anticipar los costos asociados con la limpieza antes y después del evento, así como cualquier servicio adicional necesario durante la celebración.

La seguridad es otro aspecto crítico en los gastos de espacio y logística. Evaluar los requisitos de seguridad, como la presencia de personal de seguridad y medidas de emergencia, es crucial para garantizar la protección de los participantes y la integridad del evento.

Además, se deben tener en cuenta otros requisitos logísticos, como la disponibilidad de estacionamiento, la infraestructura eléctrica para equipos y la accesibilidad general del lugar. Estos elementos logísticos pueden generar costos adicionales que deben ser considerados en el presupuesto global del evento.

4. La seguridad es otro aspecto crítico en los gastos de espacio y logística.

Evaluar los requisitos de seguridad, como la presencia de personal de seguridad y medidas de emergencia, es crucial para garantizar la protección de los participantes y la integridad del evento.

La seguridad es un componente crítico dentro de los gastos de espacio y logística en la planificación de eventos gastronómicos. La evaluación de los requisitos de seguridad es esencial para garantizar la protección de los participantes y la integridad general del evento.

El personal de seguridad desempeña un papel crucial en la implementación de medidas de seguridad efectivas. La contratación de personal de seguridad capacitado y la determinación de su cantidad dependiendo del tamaño y la naturaleza del evento son consideraciones clave. La presencia de un equipo de seguridad bien entrenado contribuye a mantener un entorno seguro, disuade comportamientos no deseados y actúa como un recurso valioso en situaciones de emergencia.

La implementación de medidas de emergencia también es fundamental. Esto implica la identificación y comunicación clara de salidas de emergencia, puntos de encuentro y procedimientos específicos a seguir en caso de situaciones imprevistas. La capacitación del personal y la realización de simulacros periódicos son prácticas recomendadas para garantizar una respuesta eficaz en situaciones de crisis.

Además, se deben considerar aspectos específicos del lugar relacionados con la seguridad, como la verificación de la presencia de extintores y otros equipos de seguridad. Evaluar la infraestructura del lugar en términos de su capacidad para gestionar emergencias, como evacuaciones ordenadas, contribuye a una planificación de seguridad más completa.

Además, se deben tener en cuenta otros requisitos logísticos, como la disponibilidad de estacionamiento, la infraestructura eléctrica para equipos y la accesibilidad general del lugar. Estos elementos logísticos pueden generar costos adicionales que deben ser considerados en el presupuesto global del evento.

4. Personal y Recursos Humanos:

Desglosar los costos de contratar chefs, personal de servicio, seguridad y otros roles esenciales. Se destacarán prácticas para optimizar la eficiencia del personal sin comprometer la calidad.

La gestión eficiente del personal y los recursos humanos es un aspecto crucial al desglosar los costos en la planificación de eventos gastronómicos. La contratación de chefs, personal de servicio, seguridad y otros roles esenciales constituye una parte significativa del presupuesto y requiere estrategias efectivas para optimizar la eficiencia sin comprometer la calidad.

La contratación de chefs talentosos y experimentados es fundamental para asegurar la excelencia en la elaboración de platos. La calidad de la comida es uno de los principales atractivos de eventos gastronómicos, por lo que asignar presupuesto para chefs con experiencia en la temática del evento y habilidades culinarias destacadas es esencial. La optimización de la eficiencia del personal de cocina implica una planificación cuidadosa de las tareas, la coordinación de los procesos y el uso efectivo de los recursos disponibles.

El personal de servicio desempeña un papel crucial en la experiencia global de los participantes. Desde camareros y bartenders hasta personal de atención al cliente, cada miembro del equipo contribuye a la atención y hospitalidad. La contratación de un equipo capacitado, bien formado y adaptable a las necesidades cambiantes del evento es esencial. Estrategias como la asignación eficiente de tareas y la formación en protocolos de servicio garantizan un servicio excepcional.

La seguridad también es un componente importante del personal en eventos gastronómicos. Contratar personal de seguridad capacitado y determinar su número según las necesidades específicas del evento contribuye a mantener un entorno seguro. La coordinación con equipos de seguridad y la comunicación efectiva son prácticas clave para garantizar la protección de los participantes.

5. Marketing y Publicidad, Asignación de Fondos:

Aunque este tema lo hemos abordado en otro capítulo, es de mucha importancia explorar estrategias de marketing efectivas que se ajusten al presupuesto, como campañas en redes sociales, colaboraciones con influencers y campañas de correo electrónico. Se analizará cómo asignar fondos para maximizar la visibilidad del evento.

La asignación de fondos para marketing y publicidad es un componente crítico al desglosar los costos en la organización de eventos gastronómicos. La visibilidad del evento depende en gran medida de estrategias de marketing efectivas que se ajusten al presupuesto disponible.

6. Costos de Tecnología y Equipamiento:

Detallar los gastos relacionados con la tecnología, como sistemas de registro en línea y equipos técnicos para presentaciones en vivo. Se proporcionarán consejos sobre la optimización de recursos tecnológicos.

Los costos de tecnología y equipamiento son aspectos esenciales a considerar en la planificación financiera de eventos gastronómicos.

Sistemas de Registro en Línea: La implementación de plataformas de registro en línea agiliza el proceso de inscripción y participación. Se analizarán los costos asociados con estas herramientas, destacando la importancia de invertir en sistemas eficientes que faciliten tanto a los organizadores como a los participantes el acceso y la gestión de la información.

Equipos Técnicos para Presentaciones en Vivo: Eventos gastronómicos a menudo incluyen presentaciones en vivo, demostraciones culinarias o proyecciones. Desglosar los costos de equipos técnicos, como sistemas de sonido, iluminación y proyección, es fundamental. Se ofrecerán estrategias para optimizar estos gastos, como la búsqueda de proveedores confiables y la planificación detallada de las necesidades técnicas.

Optimización de Recursos Tecnológicos: El capítulo proporcionará consejos prácticos sobre cómo maximizar el uso de la tecnología sin exceder el presupuesto. Estrategias como la reutilización de equipos, la negociación de tarifas con proveedores y la evaluación de soluciones tecnológicas rentables serán destacadas.

Capacitación del Personal en Tecnología: Considerar los costos asociados con la capacitación del personal en el manejo de tecnologías específicas. Garantizar que el equipo esté familiarizado con los sistemas utilizados contribuye a evitar errores y garantiza una ejecución fluida durante el evento.

Innovaciones Tecnológicas: Explorar las posibles innovaciones tecnológicas que pueden agregar valor al evento. Este aspecto no solo implica evaluar los costos, sino también sopesar el beneficio que estas innovaciones pueden aportar a la experiencia general del participante.

En conclusión, comprender y gestionar los costos de tecnología y equipamiento es crucial para garantizar que un evento gastronómico se desarrolle sin contratiempos, aprovechando al máximo las herramientas tecnológicas disponibles y brindando una experiencia de alta calidad a los participantes.

7. Costos de Decoración y Ambientación:

Por qué examinar los costos asociados con la creación de una atmósfera envolvente y temática. Se sugiere equilibrar la estética deseada con la eficiencia presupuestaria.

Examinar los costos asociados con la creación de una atmósfera envolvente y temática en eventos gastronómicos es esencial para encontrar el equilibrio entre la estética deseada y la eficiencia presupuestaria. La atmósfera juega un papel clave en la experiencia general de los participantes, contribuyendo al éxito del evento. Sin embargo, es crucial evaluar los gastos relacionados con la decoración, ambientación y presentación visual de manera estratégica.

Se debe considerar la selección de elementos decorativos que reflejen el tema gastronómico de manera efectiva, buscando opciones creativas y rentables. La eficiencia presupuestaria no implica sacrificar la calidad estética, sino más bien encontrar soluciones inteligentes que agreguen valor visual sin exceder los límites financieros. Este enfoque garantiza que la inversión en la creación de una atmósfera envolvente contribuya significativamente al atractivo del evento sin comprometer su sostenibilidad financiera.

8. Contingencias y Reservas:

Destacar la importancia de incluir un fondo de contingencia en el presupuesto para hacer frente a imprevistos. Se ofrecerán estrategias para gestionar y optimizar estas reservas.

Es crucial destacar la importancia de incluir un fondo de contingencia en el presupuesto para hacer frente a imprevistos durante la organización de eventos gastronómicos. La naturaleza dinámica de estos eventos puede dar lugar a desafíos imprevistos, como cambios en la disponibilidad de proveedores, fluctuaciones en los costos o emergencias operativas. La asignación de un fondo de contingencia actúa como un salvaguarda financiero, permitiendo a los organizadores abordar rápidamente cualquier contratiempo sin comprometer la calidad del evento.

La cantidad específica reservada para contingencias puede variar según la escala y complejidad del evento, pero se recomienda asignar un porcentaje del presupuesto total. Este enfoque proactivo no solo brinda tranquilidad a los organizadores, sino que también demuestra una gestión financiera prudente y previsora. Un fondo de contingencia bien administrado asegura que el evento pueda adaptarse y superar desafíos inesperados, manteniendo la calidad y la integridad de la experiencia gastronómica para todos los participantes.

Concluimos este capítulo de los costos de montajes de eventos gastronómicos, resaltando la importancia de una gestión financiera eficiente para garantizar la viabilidad del evento. Instamos a los organizadores a considerar cada aspecto económico con atención y a adaptar estrategias según las necesidades y desafíos específicos del evento gastronómico.

La gestión eficiente de los costos en la organización de eventos gastronómicos es esencial para garantizar la viabilidad y el éxito del proyecto. Este capítulo ha abordado diversos aspectos económicos, desde la planificación del presupuesto inicial hasta la evaluación de costos específicos como alimentación, espacio, logística, personal, marketing y tecnología.

Definir un presupuesto inicial sólido es el primer paso crucial, requiriendo una estimación detallada de los gastos asociados con cada aspecto del evento. Para los costos de alimentación, se destacó la importancia de equilibrar la calidad de los ingredientes, la eficiencia en la preparación de platos y la presentación atractiva, todo dentro de los límites presupuestarios.

En cuanto a los gastos de espacio y logística, se enfatizó la necesidad de evaluar la seguridad y otros requisitos logísticos para garantizar un entorno óptimo. Además, los costos relacionados con el personal y los recursos humanos, así como las estrategias para optimizar la eficiencia del personal, fueron examinados en detalle.

El marketing y la publicidad también fueron considerados, destacando la importancia de estrategias efectivas y la asignación eficiente de fondos para maximizar la visibilidad del evento. Los costos de tecnología y equipamiento fueron desglosados, incluyendo sistemas de registro en línea y equipos técnicos.

Finalmente, se subrayó la necesidad de contemplar contingencias y reservas en el presupuesto, reconociendo la imprevisibilidad de los eventos gastronómicos y la importancia de contar con un fondo de contingencia para abordar imprevistos.

Resumiendo, una gestión financiera cuidadosa y adaptativa es clave para enfrentar los desafíos económicos y garantizar la calidad y sostenibilidad de los eventos gastronómicos. Los organizadores deben aplicar estrategias específicas a cada aspecto del presupuesto, ajustándolas según las circunstancias y necesidades particulares del evento planificado.

Capítulo 4

Selección del Espacio

El proceso de selección del espacio es un componente esencial en la organización de eventos gastronómicos, y la "Guía de Montaje de Eventos Gastronómicos" dedica un capítulo específico a la "Selección del Espacio," explorando aspectos fundamentales como la evaluación de diferentes locaciones.

La elección del espacio es un factor determinante que influye en la atmósfera del evento, la capacidad de participantes, la logística y, en última instancia, la experiencia del público. La guía aborda la necesidad de realizar una exhaustiva evaluación de diferentes locaciones, considerando diversos criterios para asegurar una elección acertada.

Evaluación de diferentes locaciones

La primera fase de la evaluación implica definir claramente los objetivos y requerimientos del evento. ¿Se busca un espacio íntimo para una cena exclusiva o un lugar amplio para un festival gastronómico masivo? Comprender las necesidades específicas guiará la búsqueda hacia opciones que se ajusten mejor al concepto y escala del evento.

Los aspectos logísticos también son cruciales. La accesibilidad, la disponibilidad de estacionamiento, la infraestructura eléctrica y las facilidades para la preparación de alimentos son consideraciones prácticas que impactan en la ejecución del evento. La guía proporcionará una lista detallada de factores logísticos a tener en cuenta al evaluar locaciones.

La estética y el ambiente del espacio son factores que contribuyen significativamente a la experiencia general del evento. ¿La locación complementa el tema y concepto gastronómico elegido? La guía destacará la importancia de la coherencia entre la identidad del evento y el entorno físico para crear una experiencia visualmente atractiva y memorable.

La capacidad del espacio para albergar al número previsto de participantes es un aspecto crítico. La guía ofrecerá herramientas para estimar la asistencia y seleccionar locaciones que ofrezcan el espacio necesario sin parecer vacías ni congestionadas.

Además, la guía proporcionará estrategias para negociar términos y tarifas con los propietarios de los espacios, maximizando la inversión y optimizando los recursos disponibles.

El capítulo sobre "Selección del Espacio" en la guía proporciona un enfoque integral para evaluar diferentes locaciones. Desde consideraciones logísticas hasta aspectos estéticos, la guía ofrece una hoja de ruta detallada para garantizar que la elección del espacio contribuya de manera significativa al éxito del evento gastronómico.

Requisitos y capacidades del espacio

Los requisitos y capacidades del espacio son aspectos cruciales en la planificación de eventos gastronómicos, y comprenderlos adecuadamente es esencial para garantizar el éxito del evento. Aspectos clave de los requisitos y capacidades del espacio, proporcionando una orientación práctica para los organizadores.

La evaluación de los requisitos y capacidades del espacio es un componente crítico en la planificación de eventos gastronómicos, y proporciona una orientación práctica valiosa para los organizadores. Al abordar estos aspectos clave, se asegura una ejecución exitosa y una experiencia enriquecedora para los participantes.

Capacidad del Espacio: Uno de los aspectos esenciales es determinar si el espacio puede albergar cómodamente a la cantidad prevista de participantes. Este análisis incluye estimar la asistencia y seleccionar un lugar que se ajuste de manera adecuada al tamaño del evento. Evitar congestiones o áreas desocupadas es esencial para crear una atmósfera agradable.

La capacidad del espacio es un factor crítico en la planificación de eventos gastronómicos y requiere una cuidadosa consideración para garantizar una experiencia cómoda y agradable para los participantes. Este análisis abarca desde la estimación de la asistencia hasta la selección de un lugar que se ajuste de manera adecuada al tamaño del evento, evitando congestiones o áreas desocupadas.

La estimación de la asistencia es el primer paso clave. Los organizadores deben considerar varios factores, como la popularidad del evento, la temporada, las tendencias históricas y las estrategias de promoción. La implementación de encuestas, preinscripciones en línea y el análisis del historial de eventos anteriores son herramientas valiosas para obtener datos precisos sobre la asistencia esperada.

Una vez estimada la asistencia, la selección del lugar se convierte en una decisión estratégica. El espacio elegido debe tener la capacidad suficiente para albergar cómodamente a la cantidad prevista de participantes. Es esencial evitar tanto la congestión, que puede afectar negativamente la experiencia del participante, como las áreas desocupadas, que pueden dar una sensación de falta de energía o interés.

La distribución estratégica de las estaciones de comida, áreas de entretenimiento y zonas de descanso también contribuye a optimizar la capacidad del espacio. El análisis espacial, a través de mapas de calor, puede ayudar a identificar áreas de mayor afluencia y posibles puntos de congestión, permitiendo una disposición más eficiente y equitativa de las actividades dentro del espacio.

La planificación anticipada y la adaptabilidad son claves en la gestión de la capacidad del espacio. Los organizadores deben estar preparados para ajustar la disposición del evento según la asistencia real y las dinámicas en tiempo real durante el evento.

La capacidad del espacio es un elemento fundamental en la planificación de eventos gastronómicos. La estimación precisa de la asistencia y la selección cuidadosa del lugar contribuyen a crear una atmósfera agradable, evitando problemas logísticos y garantizando una experiencia positiva y cómoda para los participantes.

Requisitos Logísticos: Evaluar la infraestructura eléctrica disponible, la disponibilidad de agua y las facilidades para la preparación de alimentos es fundamental. Considerar la accesibilidad general del espacio asegura que se cumplan todas las necesidades operativas, desde la preparación de alimentos hasta la disposición de mesas y la logística general del evento.

La evaluación de requisitos logísticos desempeña un papel esencial en la planificación de eventos gastronómicos, ya que garantiza que el espacio elegido cumpla con todas las necesidades operativas. Esta evaluación abarca factores clave como la infraestructura eléctrica, la disponibilidad de agua y las facilidades para la preparación de alimentos, además de considerar la accesibilidad general del espacio.

En primer lugar, la infraestructura eléctrica disponible es fundamental para eventos gastronómicos, donde la preparación de alimentos y la operación de equipos eléctricos son centrales. Evaluar la capacidad eléctrica del lugar garantiza que haya suficiente energía para las estaciones de cocina, equipos de exhibición y cualquier otra necesidad eléctrica, evitando problemas de suministro durante el evento.

La disponibilidad de agua es otro factor crítico. Desde la limpieza de utensilios hasta las necesidades de preparación de alimentos, contar con un suministro adecuado de agua es esencial. Evaluar la capacidad y disponibilidad de sistemas de agua asegura que el evento se desarrolle sin contratiempos en términos de higiene y preparación de alimentos.

Asimismo, las facilidades para la preparación de alimentos deben ser suficientes y estar equipadas con las herramientas necesarias. Asegurar que las estaciones de cocina tengan el espacio y los recursos adecuados contribuye a la eficiencia operativa y a la calidad de la oferta gastronómica.

La accesibilidad general del espacio también es un componente crucial en la evaluación logística. Esto incluye la disposición de mesas, la distribución de áreas de descanso y la planificación de rutas para el flujo eficiente de participantes. Considerar estos aspectos garantiza una experiencia fluida y cómoda para los asistentes, además de facilitar la logística general del evento.

Flexibilidad del Espacio: La versatilidad del lugar es otro aspecto crucial. Se debe seleccionar un espacio que permita adaptar el diseño a la temática y concepto gastronómico elegido. La posibilidad de personalizar el entorno contribuye a crear una experiencia única y a destacar la propuesta culinaria.

La flexibilidad del espacio es un aspecto crucial en la planificación de eventos gastronómicos, ya que la versatilidad del lugar permite adaptar el diseño a la temática y concepto gastronómico elegido. Seleccionar un espacio que ofrezca la posibilidad de personalizar el entorno contribuye significativamente a crear una experiencia única y destacar la propuesta culinaria.

La capacidad de adaptar el diseño del espacio según la temática del evento es esencial para transmitir la atmósfera deseada. Desde la disposición de mesas y estaciones de comida hasta la iluminación y la decoración, la versatilidad del lugar permite a los organizadores crear un entorno que refleje la identidad y el concepto del evento gastronómico. Esto no solo mejora la estética general, sino que también contribuye a la inmersión de los participantes en la experiencia culinaria propuesta.

La personalización del entorno también es clave para destacar la propuesta culinaria. Al adaptar el espacio a la temática y concepto gastronómico, se crea un ambiente coherente que refuerza la narrativa culinaria. Por ejemplo, un evento que celebre la fusión de cocinas internacionales puede aprovechar la flexibilidad del espacio para incorporar elementos decorativos y detalles que representen diversas culturas culinarias.

Además, la flexibilidad del espacio permite ajustes operativos en tiempo real durante el evento. Poder reorganizar estaciones de comida, redistribuir áreas de descanso o realizar cambios de última hora contribuye a la eficiencia y adaptabilidad del evento, garantizando una ejecución exitosa.

La versatilidad del lugar es esencial en la planificación de eventos gastronómicos. La capacidad de adaptar el diseño a la temática elegida y personalizar el entorno contribuye a crear experiencias únicas y resalta la propuesta culinaria, asegurando que el evento sea memorable y coherente con la visión del organizador.

Seguridad: La seguridad de los participantes es prioritaria. Evaluar los protocolos de seguridad y emergencia, así como la presencia de salidas de emergencia y extintores, garantiza un entorno seguro para todos los asistentes.

La seguridad de los participantes es una prioridad absoluta en la planificación de eventos gastronómicos. Evaluar y garantizar la implementación de protocolos de seguridad y emergencia es esencial para crear un entorno seguro y proteger a todos los asistentes.

La evaluación de los protocolos de seguridad y emergencia implica revisar y confirmar que el lugar cuenta con medidas adecuadas para responder a situaciones imprevistas. Esto incluye la presencia de personal capacitado en primeros auxilios, la existencia de rutas de evacuación claramente señalizadas, la ubicación de salidas de emergencia y la disponibilidad de extintores. Es fundamental que los participantes se sientan seguros y confiados en la capacidad del evento para gestionar cualquier emergencia que pueda surgir.

La presencia de personal capacitado en primeros auxilios es crucial para brindar asistencia inmediata en caso de accidentes o situaciones de emergencia médica. La ubicación estratégica de salidas de emergencia y la claridad en las señalizaciones contribuyen a una evacuación rápida y ordenada en caso de ser necesario.

Además, la disponibilidad de extintores y la capacitación del personal en su uso son medidas preventivas esenciales, especialmente en eventos gastronómicos donde se manipulan equipos de cocina y hay presencia de fuentes de calor.

La seguridad también implica considerar la capacidad del espacio para albergar cómodamente a la cantidad prevista de participantes sin generar aglomeraciones que puedan comprometer la seguridad. La planificación cuidadosa de la distribución de estaciones de comida, áreas de descanso y zonas de entretenimiento contribuye a evitar congestiones y garantizar un flujo ordenado.

La seguridad de los participantes en eventos gastronómicos es una responsabilidad fundamental de los organizadores. Evaluar y garantizar la implementación de protocolos de seguridad y emergencia, junto con la disponibilidad de recursos como extintores y personal capacitado en primeros auxilios, asegura un entorno seguro y protegido para todos los asistentes, contribuyendo a una experiencia positiva y sin contratiempos.

Negociación de Términos y Tarifas: La guía proporciona directrices para negociar términos y tarifas con los propietarios del espacio. Gestionar aspectos como tarifas de alquiler, depósitos y cláusulas contractuales de manera efectiva contribuye a maximizar la inversión y optimizar los recursos financieros disponibles.

En resumen, la evaluación cuidadosa de los requisitos y capacidades del espacio es esencial para el éxito de un evento gastronómico. Al abordar estos aspectos clave, los organizadores pueden garantizar una ejecución eficiente y proporcionar una experiencia inolvidable para los participantes.

Capacidad del espacio para albergar a la cantidad de participantes previstos. Es esencial evaluar si la locación tiene la capacidad suficiente para garantizar una experiencia cómoda y agradable para todos los asistentes.

La capacidad del espacio para albergar a la cantidad de participantes previstos es un elemento crítico en la planificación de eventos gastronómicos. Evaluar con precisión este aspecto es esencial para asegurar una experiencia cómoda y agradable para todos los asistentes.

El tamaño del espacio debe estar en armonía con el número de participantes proyectado. Evitar una capacidad insuficiente que pueda generar aglomeraciones incómodas o, por el contrario, un espacio excesivamente grande que haga que el evento parezca disperso, es clave. La experiencia del participante está directamente relacionada con la capacidad del espacio para manejar de manera adecuada la cantidad de asistentes.

Una capacidad insuficiente puede generar molestias, largas colas y dificultades para acceder a diferentes áreas del evento. Esto no solo afecta la comodidad de los participantes, sino que también puede obstaculizar la fluidez de las operaciones del evento, como la distribución de alimentos, la disposición de mesas y la interacción general.

Por otro lado, un espacio demasiado grande puede dar la sensación de falta de participación y energía, afectando negativamente la atmósfera del evento. La sensación de vacío en un espacio excesivamente amplio puede hacer que los asistentes se sientan desconectados y disminuir la interacción entre ellos.

La evaluación cuidadosa de la capacidad del espacio implica considerar no solo la cifra total de asistentes sino también la distribución del área utilizable y la disposición del mobiliario. La planificación anticipada de la disposición del espacio, la ubicación de estaciones de comida, zonas de descanso y áreas de entretenimiento contribuye a optimizar la capacidad de manera efectiva.

La capacidad del espacio es un componente crítico para la comodidad y el disfrute de los participantes en eventos gastronómicos. La evaluación cuidadosa y la planificación anticipada son esenciales para garantizar que la experiencia sea agradable, fluida y se ajuste a las expectativas del público asistente.

Herramientas para estimar la asistencia

Herramientas para estimar la asistencia y seleccionar un espacio que se ajuste de manera adecuada al tamaño del evento, evitando congestiones o áreas desocupadas.

Estimar la asistencia y seleccionar un espacio adecuado son pasos fundamentales en la planificación de eventos gastronómicos. Para lograrlo, se pueden emplear diversas herramientas que ayudan a anticipar la cantidad de participantes y garantizar un entorno propicio, evitando congestiones o áreas desocupadas.

Encuestas y Preinscripciones: Antes del evento, realizar encuestas y preinscripciones en línea puede proporcionar una estimación inicial de la asistencia. Preguntas específicas sobre la intención de participar permiten obtener datos que facilitan la planificación del espacio.

Las encuestas y preinscripciones en línea representan una herramienta valiosa para obtener una estimación inicial de la asistencia antes de un evento gastronómico. Este enfoque estratégico brinda la oportunidad de recopilar datos esenciales que facilitan la planificación del espacio de manera efectiva.

Implementación de Encuestas: Antes de que el evento tenga lugar, se pueden diseñar encuestas en línea específicamente orientadas a obtener información sobre la intención de participar de los posibles asistentes. Estas encuestas pueden incluir preguntas clave sobre su interés en el evento, su disponibilidad para asistir en una fecha específica y cualquier preferencia o expectativa que tengan en relación con el evento gastronómico.

La implementación de encuestas en línea representa una estrategia efectiva para recopilar información valiosa sobre la intención de participar de los posibles asistentes antes de que el evento gastronómico tenga lugar. Estas encuestas están diseñadas para obtener datos específicos que son fundamentales para la planificación del espacio y la logística general del evento.

En estas encuestas, se pueden incluir preguntas clave que aborden el interés de los participantes en el evento gastronómico. Preguntar sobre su motivación para asistir, sus expectativas y qué aspectos específicos les atraen contribuye a comprender mejor las preferencias de la audiencia. Esto proporciona información valiosa para ajustar la oferta gastronómica, la disposición del espacio y la planificación de actividades adicionales.

La disponibilidad para asistir en una fecha específica es otra variable esencial. Al obtener información sobre la fecha preferida por la mayoría de los posibles asistentes, los organizadores pueden tomar decisiones informadas sobre la programación del evento. Esto contribuye a maximizar la asistencia y garantizar que el evento se desarrolle en un momento conveniente para la audiencia objetivo.

Además, las encuestas pueden abordar cualquier preferencia o expectativa específica que los participantes tengan en relación con el evento gastronómico. Preguntar sobre sus intereses culinarios, actividades favoritas o necesidades particulares, como opciones dietéticas específicas o requisitos de accesibilidad, permite a los organizadores personalizar la experiencia y asegurar la satisfacción del público.

La implementación de encuestas en línea antes del evento gastronómico ofrece una herramienta valiosa para recopilar información detallada sobre la intención de participar de los posibles asistentes. Estos datos informan las decisiones clave en la planificación del espacio, la programación y la personalización de la experiencia, contribuyendo a un evento más exitoso y adaptado a las expectativas de la audiencia.

Preguntas Específicas: Incluir preguntas específicas sobre la intención de participar permite obtener datos detallados que son esenciales para la planificación del espacio. Por ejemplo, se pueden indagar sobre la cantidad de personas que planean asistir, si tienen la intención de participar en actividades específicas dentro del evento o si tienen necesidades particulares, como acceso para personas con movilidad reducida.

La inclusión de preguntas específicas en encuestas y preinscripciones, dirigidas a la intención de participar, se revela como un recurso invaluable en la obtención de datos detallados esenciales para la planificación del espacio en eventos gastronómicos. Estas preguntas permiten a los organizadores recopilar información precisa y personalizada sobre las expectativas y necesidades de los participantes.

Una pregunta clave puede ser la cantidad de personas que planean asistir al evento. Esta información proporciona una estimación inicial de la asistencia y es esencial para ajustar la capacidad del espacio de manera adecuada. Conocer la cantidad de participantes esperados es fundamental para evitar áreas congestionadas o desocupadas, garantizando una distribución equitativa y cómoda en todo el evento.

Indagar sobre la intención de participar en actividades específicas dentro del evento es otra estrategia valiosa. Esto permite a los organizadores planificar la disposición del espacio de manera más detallada, asignando áreas específicas para actividades o estaciones de interés. Por ejemplo, si se espera una alta participación en demostraciones culinarias en vivo, los organizadores pueden dedicar un espacio especial con buena visibilidad y accesibilidad.

Además, incluir preguntas sobre necesidades particulares, como acceso para personas con movilidad reducida, contribuye a garantizar la inclusión y accesibilidad del evento para todos los participantes. La información recopilada en estas preguntas específicas permite a los organizadores implementar medidas proactivas para satisfacer requisitos especiales y crear un entorno inclusivo.

Beneficios para la Planificación del Espacio: La información recopilada a través de encuestas y preinscripciones ofrece una visión inicial y precisa de la asistencia esperada. Con estos datos, los organizadores pueden ajustar la capacidad del espacio, distribuir estratégicamente las estaciones de alimentos y actividades, y garantizar una experiencia cómoda para los participantes.

La información recopilada a través de encuestas y preinscripciones desempeña un papel fundamental al proporcionar una visión inicial y precisa de la asistencia esperada en eventos gastronómicos. Estos datos permiten a los organizadores anticipar las necesidades y preferencias de los participantes, facilitando una planificación más efectiva del espacio y las actividades.

La estimación inicial de la asistencia es crucial para ajustar la capacidad del espacio de manera adecuada. Con datos concretos sobre la cantidad de personas que planean asistir, los organizadores pueden evitar áreas congestionadas o desocupadas, garantizando una distribución equitativa y cómoda en todo el evento. Esto contribuye a una experiencia más placentera para los participantes y mejora la eficiencia operativa del evento.

Además, la información sobre la intención de participar en actividades específicas proporciona una base sólida para la disposición estratégica de estaciones de alimentos y otras atracciones. Por ejemplo, si hay un alto interés en demostraciones culinarias en vivo, los organizadores pueden asignar un espacio destacado y bien ubicado para estas actividades. Esto optimiza la distribución del espacio y mejora la visibilidad de las áreas de mayor interés para los participantes.

La anticipación de necesidades particulares, como acceso para personas con movilidad reducida o preferencias dietéticas específicas, también es posible a través de las encuestas. Este conocimiento permite a los organizadores implementar medidas proactivas para garantizar la inclusión y satisfacción de todos los participantes.

Así que, la información recopilada a través de encuestas y preinscripciones brinda a los organizadores una visión detallada de la asistencia esperada y las preferencias de los participantes en eventos gastronómicos. Esta información es esencial para ajustar la capacidad del espacio, planificar actividades específicas y garantizar una experiencia cómoda y personalizada para todos los asistentes.

Adaptación Continua: Además de proporcionar una estimación inicial, las encuestas en línea permiten una adaptación continua a medida que se acerca la fecha del evento. Los organizadores pueden realizar ajustes según la retroalimentación en tiempo real y las respuestas de los participantes, optimizando así la disposición del espacio para satisfacer las necesidades y expectativas del público.

En resumen, la implementación de encuestas y preinscripciones en línea es una estrategia efectiva para obtener datos iniciales sobre la asistencia a un evento gastronómico. Este enfoque informado proporciona a los organizadores las herramientas necesarias para planificar el espacio de manera eficiente y crear una experiencia atractiva y cómoda para los participantes.

Historial de Eventos Anteriores: Si se trata de un evento recurrente, revisar el historial de asistencia de ediciones anteriores ofrece información valiosa. Analizar tendencias y patrones anteriores ayuda a ajustar la capacidad del espacio según la respuesta histórica de los participantes.

El análisis del historial de eventos anteriores constituye una estrategia fundamental en la planificación de eventos gastronómicos recurrentes. Si el evento ha tenido ediciones previas, revisar el historial de asistencia ofrece valiosa información que contribuye significativamente a ajustar la capacidad del espacio de manera precisa.

La revisión del historial permite a los organizadores identificar patrones y tendencias en la asistencia a lo largo de las ediciones anteriores del evento. Este análisis revela datos concretos sobre la respuesta histórica de los participantes, brindando una visión integral de la dinámica del evento en términos de asistencia.

Analizar las fluctuaciones en la asistencia a lo largo del tiempo permite a los organizadores anticipar posibles aumentos o disminuciones en la participación. Por ejemplo, si ciertos años mostraron una afluencia significativamente mayor, los organizadores pueden prepararse para gestionar un mayor volumen de participantes ajustando la disposición del espacio de manera eficiente.

Este enfoque histórico también proporciona información sobre las preferencias de los asistentes en términos de actividades, áreas específicas del evento y propuestas culinarias. Identificar qué elementos atrajeron más a la audiencia en ediciones anteriores es crucial para optimizar la planificación y el diseño del evento actual.

La adaptabilidad basada en el historial de eventos anteriores es clave para una planificación efectiva. Si se observa una tendencia al crecimiento constante de la asistencia, los organizadores pueden considerar expandir el espacio o implementar estrategias para gestionar grandes multitudes. Por otro lado, si hay indicios de fluctuaciones, podrían aplicarse tácticas específicas para atraer a más participantes en años menos concurridos.

El historial de eventos anteriores proporciona una base sólida para ajustar la capacidad del espacio de manera inteligente. Este análisis contribuye a una planificación más precisa, permitiendo que los eventos gastronómicos no solo se adapten a las expectativas de los participantes, sino que también evolucionen y mejoren en cada edición.

Promoción y Marketing Dirigido: Utilizar estrategias de promoción y marketing dirigidas permite llegar al público objetivo de manera más efectiva. Conocer las características demográficas y preferencias de la audiencia facilita la estimación de la asistencia y la selección de un espacio que se ajuste a esos perfiles.

La implementación de estrategias de promoción y marketing dirigido desempeña un papel crucial en la planificación de eventos gastronómicos al permitir llegar de manera más efectiva al público objetivo. Este enfoque estratégico no solo aumenta la visibilidad del evento, sino que también proporciona datos valiosos que facilitan la estimación de la asistencia y la selección de un espacio adecuado.

El marketing dirigido implica comprender a fondo las características demográficas y las preferencias de la audiencia a la que se desea llegar. Esto puede incluir variables como la edad, ubicación, gustos culinarios, preferencias de entretenimiento y comportamientos de consumo. Al tener una comprensión clara de estos aspectos, los organizadores pueden adaptar sus estrategias de promoción para maximizar la atracción de la audiencia específica que se busca.

Las herramientas digitales, como las redes sociales y la publicidad en línea, ofrecen opciones detalladas de segmentación demográfica. Utilizar estas plataformas permite dirigir mensajes y promociones específicas a grupos de interés, aumentando la probabilidad de atraer a aquellos que tienen más afinidad con el tipo de evento gastronómico que se está planificando.

Además, el marketing dirigido no solo tiene un impacto en la promoción del evento, sino que también influye en la estimación de la asistencia. Al conocer las características de la audiencia que responde positivamente a la promoción, los organizadores pueden hacer proyecciones más precisas sobre la cantidad de participantes que se espera atraer.

La selección del espacio se beneficia directamente de este enfoque, ya que los datos demográficos y de preferencias recopilados a través de las estrategias de marketing proporcionan insights para elegir un entorno que se alinee con las expectativas del público objetivo. Por ejemplo, si la audiencia se inclina hacia experiencias culinarias exclusivas, la selección de un espacio elegante y sofisticado podría ser más adecuada.

La promoción y el marketing dirigido son herramientas esenciales en la planificación de eventos gastronómicos. Al conocer y comprender a fondo a la audiencia objetivo, los organizadores pueden optimizar sus esfuerzos promocionales, estimar de manera más precisa la asistencia esperada y seleccionar un espacio que se ajuste a las preferencias de la audiencia, creando así una experiencia más impactante y exitosa.

Sistemas de Reservas o Ventas de Entradas: Implementar sistemas de reservas o venta de entradas anticipadas proporciona datos concretos sobre la cantidad de personas que planean asistir. Además, facilita el control de la capacidad y la distribución del espacio de manera más eficiente.

El sistema de reservas o venta de entradas anticipadas emerge como una estrategia efectiva en la planificación de eventos gastronómicos. Este enfoque no solo ofrece beneficios tangibles en términos de ingresos, sino que también brinda datos concretos sobre la asistencia esperada, mejorando la gestión de la capacidad del espacio de manera eficiente.

La opción de reservas o ventas anticipadas proporciona una visión clara de la demanda del evento antes de que tenga lugar. Alentando a los participantes a comprometerse con anticipación mediante la compra de entradas, los organizadores pueden recopilar información precisa sobre la cantidad de asistentes esperados. Este método no solo contribuye a la estimación de la asistencia, sino que también proporciona datos útiles sobre la distribución demográfica y geográfica de la audiencia.

Además, la implementación de sistemas de reservas permite un control más efectivo de la capacidad del espacio. Conocer con antelación el número de personas que asistirán facilita la planificación logística y la disposición del evento. Los organizadores pueden ajustar la distribución de las estaciones de comida, áreas de entretenimiento y zonas de descanso de acuerdo con la asistencia esperada, garantizando una experiencia más cómoda y fluida para los participantes.

La venta de entradas anticipadas también puede ofrecer incentivos, como precios preferenciales o acceso exclusivo a ciertas áreas del evento, lo que no solo impulsa la participación temprana, sino que también brinda a los organizadores información adicional sobre las preferencias y expectativas de los asistentes.

En resumen, la implementación de sistemas de reservas o venta de entradas anticipadas no solo simplifica la gestión financiera del evento, sino que también proporciona datos cruciales para optimizar la planificación del espacio. La capacidad de prever y controlar la asistencia contribuye a una ejecución más eficiente, asegurando que el evento gastronómico cumpla con las expectativas de los participantes y genere una experiencia exitosa y satisfactoria.

Colaboración con Plataformas de Eventos: Colaborar con plataformas especializadas en la organización de eventos permite acceder a herramientas y análisis avanzados. Estas plataformas suelen ofrecer métricas detalladas sobre la demanda de entradas y la participación esperada.

La colaboración con plataformas especializadas en la organización de eventos emerge como una estrategia avanzada en la planificación de eventos gastronómicos. Esta colaboración no solo simplifica la gestión, sino que también proporciona acceso a herramientas y análisis avanzados, ofreciendo una visión detallada de la demanda de entradas y la participación esperada.

Estas plataformas, diseñadas específicamente para facilitar la planificación de eventos, ofrecen una variedad de herramientas y funcionalidades que simplifican el proceso. Una de las ventajas clave es la capacidad de acceder a métricas detalladas sobre la demanda de entradas. Los organizadores pueden monitorear en tiempo real la respuesta del público, evaluar las tendencias de compra y ajustar estrategias promocionales según los datos recopilados.

Además, estas plataformas a menudo brindan análisis avanzados que van más allá de la simple venta de entradas. Pueden ofrecer información sobre la demografía de los compradores, los canales de promoción más efectivos y el comportamiento de compra histórico. Estos datos son fundamentales para comprender mejor a la audiencia, ajustar las estrategias de marketing y optimizar la planificación del espacio.

La colaboración con plataformas de eventos también simplifica la gestión financiera y operativa del evento. Pueden ofrecer soluciones integradas para la venta de entradas, la gestión de registros, el control de accesos y la recopilación de datos, consolidando todas estas funciones en un solo lugar.

La participación en plataformas especializadas no solo beneficia a los organizadores, sino también a los asistentes. Estos sistemas suelen ofrecer una experiencia de compra de entradas fácil y segura, proporcionando a los participantes, opciones de pago seguras y confirmaciones instantáneas.

La colaboración con plataformas de eventos ofrece a los organizadores de eventos gastronómicos un conjunto completo de herramientas y análisis avanzados. Desde la venta de entradas hasta la gestión operativa y el análisis de datos, estas plataformas mejoran la eficiencia y la efectividad de la planificación del evento, asegurando una ejecución exitosa y una experiencia enriquecedora para los participantes.

Software de Gestión de Eventos: Utilizar software de gestión de eventos con funciones de análisis y proyección de asistencia brinda una visión integral. Estas herramientas pueden proporcionar informes detallados y modelos predictivos para optimizar la capacidad del espacio.

La implementación de software de gestión de eventos representa un enfoque integral y avanzado en la planificación de eventos gastronómicos. Este tipo de software no solo facilita la gestión operativa, sino que también ofrece funciones analíticas y predictivas, proporcionando una visión completa para optimizar la capacidad del espacio.

Las funciones analíticas del software de gestión de eventos permiten a los organizadores acceder a informes detallados sobre diversos aspectos del evento, incluida la asistencia. Estos informes pueden incluir datos demográficos, patrones de compra de entradas, tendencias de participación y otros insights valiosos. Analizar esta información brinda una comprensión más profunda de la audiencia y facilita la toma de decisiones informadas en la planificación del evento.

Además, el software de gestión de eventos puede utilizar modelos predictivos para proyectar la asistencia futura. Algoritmos avanzados pueden analizar datos históricos, tendencias de mercado y otros factores relevantes para anticipar la asistencia esperada en el evento gastronómico. Esta capacidad predictiva es esencial para ajustar la capacidad del espacio de manera eficiente y evitar congestiones o áreas desocupadas.

Otra ventaja clave del software de gestión de eventos es su capacidad para integrar diferentes aspectos de la planificación y ejecución del evento en una sola plataforma. Desde la venta de entradas y la gestión de registros hasta la asignación de recursos y la coordinación logística, estas herramientas optimizan la eficiencia operativa, permitiendo a los organizadores centrarse en la creación de una experiencia excepcional para los participantes.

La accesibilidad y la facilidad de uso son características importantes de muchos softwares de gestión de eventos, lo que permite a los organizadores aprovechar estas herramientas sin la necesidad de habilidades técnicas avanzadas.

Mapas de Calor y Análisis Espacial: Aplicar técnicas de análisis espacial y mapas de calor ayuda a visualizar las áreas de mayor afluencia y a identificar posibles puntos de congestión. Esto facilita la distribución estratégica de las estaciones y actividades dentro del espacio.

La aplicación de técnicas de análisis espacial y mapas de calor emerge como una estrategia efectiva en la planificación de eventos gastronómicos, permitiendo visualizar las áreas de mayor afluencia y identificar posibles puntos de congestión. Esta aproximación espacial no solo optimiza la disposición del espacio, sino que también contribuye a una experiencia más fluida y placentera para los participantes.

Los mapas de calor representan visualmente la densidad de actividad en diferentes áreas del espacio del evento. Utilizando datos recopilados en tiempo real o a través de análisis históricos, los organizadores pueden identificar las zonas de mayor interés y participación. Este enfoque espacial es especialmente valioso en eventos gastronómicos donde la distribución estratégica de estaciones de comida, áreas de entretenimiento y zonas de descanso es esencial para una experiencia exitosa.

El análisis espacial también ayuda a identificar posibles puntos de congestión. Al comprender cómo se mueven los participantes dentro del espacio, los organizadores pueden anticipar áreas propensas a aglomeraciones y tomar medidas para evitar cuellos de botella o áreas congestionadas. Esto no solo mejora la seguridad del evento, sino que también contribuye a una distribución más equitativa de la asistencia en todas las áreas.

La información derivada de los mapas de calor y análisis espacial guía la distribución estratégica de estaciones y actividades dentro del espacio del evento. Por ejemplo, si se identifica una alta concentración de participantes en ciertas áreas, los organizadores pueden ajustar la disposición de las estaciones de comida o aumentar la oferta de entretenimiento en esas zonas específicas.

Además, esta técnica también es útil para la planificación futura, ya que los datos recopilados pueden alimentar análisis de tendencias y contribuir a la mejora continua de eventos posteriores.

La aplicación de técnicas de análisis espacial y mapas de calor es esencial en la planificación de eventos gastronómicos. Al visualizar la dinámica del espacio, los organizadores pueden optimizar la disposición de estaciones y actividades, garantizando una experiencia más agradable y cómoda para los participantes y mitigando posibles problemas logísticos.

Las herramientas utilizadas de manera conjunta, brindan una perspectiva integral para estimar la asistencia y seleccionar un espacio que se ajuste adecuadamente al tamaño del evento. La combinación de datos históricos, análisis de mercado y tecnologías modernas optimiza la toma de decisiones en la planificación de eventos gastronómicos.

Los requisitos logísticos son otro aspecto fundamental. Esto incluye evaluar la infraestructura eléctrica disponible, la disponibilidad de agua, las facilidades para la preparación de alimentos y la accesibilidad general del espacio. Una cuidadosa revisión de estos requisitos asegura que la ejecución del evento transcurra sin contratiempos y que se puedan cumplir todas las necesidades operativas.

La flexibilidad del espacio es también un punto a considerar. ¿Permite el diseño del lugar adaptarse al concepto y tema gastronómico seleccionado? La guía explora la importancia de seleccionar espacios versátiles que se puedan personalizar para crear la atmósfera deseada y destacar la propuesta culinaria.

La seguridad es prioritaria en cualquier evento, y la guía destaca la importancia de evaluar los protocolos de seguridad y emergencia del espacio seleccionado. Esto incluye la presencia de salidas de emergencia, extintores, y una evaluación general de la seguridad del lugar para garantizar la protección de los participantes.

Además, la guía proporciona directrices para la negociación de términos y tarifas con los propietarios de los espacios. Esto incluye aspectos como tarifas de alquiler, depósitos y cláusulas contractuales. Una gestión efectiva de estos aspectos contribuye a maximizar la inversión y optimizar los recursos financieros disponibles.

Al comprender y abordar adecuadamente estos requisitos y capacidades, los organizadores pueden asegurarse de que la elección del espacio contribuya al éxito del evento y a la experiencia enriquecedora de los participantes.

Logística y distribución del lugar

La logística y distribución del lugar son aspectos cruciales en la planificación de eventos gastronómicos, desempeñando un papel fundamental para garantizar un flujo eficiente y una experiencia memorable para los participantes. Estos elementos son esenciales para que el evento se desarrolle sin contratiempos y maximice su impacto.

La distribución estratégica de las estaciones de alimentos es un componente clave de la logística del evento. Los organizadores deben planificar la disposición del espacio de manera que las estaciones estén ubicadas de manera equitativa y accesible. Esto no solo facilita la circulación de los participantes, evitando congestiones, sino que también asegura que cada estación reciba una cantidad adecuada de visitantes.

Además, la ubicación de áreas de descanso y zonas de entretenimiento es crucial para ofrecer momentos de relajación y diversión. La logística debe considerar la disposición de mesas y sillas, la creación de espacios agradables para socializar y la incorporación de elementos que complementen la experiencia gastronómica, como música en vivo o exhibiciones culinarias.

La gestión eficiente de la logística también implica asegurar un suministro constante de electricidad y agua en las áreas pertinentes, especialmente en las estaciones de cocina y preparación de alimentos. La disposición de contenedores de basura y la implementación de prácticas sostenibles también son consideraciones importantes para mantener el lugar limpio y respetar el medio ambiente.

La señalización clara es otro aspecto logístico esencial. Se deben colocar letreros indicativos y mapas en puntos estratégicos para guiar a los participantes y facilitar la ubicación de estaciones específicas, áreas de interés y servicios, contribuyendo a una experiencia más fluida y orientada.

La logística y distribución del lugar son elementos determinantes en la ejecución exitosa de eventos gastronómicos. Planificar cuidadosamente la disposición del espacio, asegurar recursos necesarios y proporcionar una guía clara para los participantes son prácticas esenciales que contribuyen a crear eventos culinarios inolvidables y satisfactorios para todos los asistentes.

Capítulo 5

Diseño del Menú

El diseño del menú en eventos gastronómicos es una expresión artística que va más allá de simplemente listar platos; es una narrativa culinaria que cautiva los sentidos y deja una impresión duradera en los participantes. Este proceso creativo no solo implica seleccionar platos deliciosos, sino también considerar la coherencia con el tema del evento, las preferencias del público objetivo y la presentación visual.

En primer lugar, al diseñar el menú, es esencial alinear las selecciones culinarias con el tema y concepto gastronómico del evento. Si el enfoque es la fusión de cocinas internacionales, el menú debe reflejar esta diversidad a través de combinaciones innovadoras de sabores y técnicas culinarias. La coherencia entre el tema y el menú contribuye a una experiencia gastronómica más inmersiva y memorable.

Además, comprender las preferencias del público objetivo es clave para diseñar un menú que resuene con los comensales. Si la audiencia es amante de la cocina gourmet, el menú puede destacar platos refinados y presentaciones elegantes. Por otro lado, si el público prefiere opciones más informales, el menú podría incluir propuestas de cocina callejera o opciones más relajadas.

La presentación visual de cada plato es un aspecto fundamental del diseño del menú. La estética de los platos, la disposición en el plato y la elección de vajilla y presentación contribuyen a la experiencia sensorial general. Un menú visualmente atractivo no solo despierta el apetito, sino que también agrega un componente estético que complementa la experiencia culinaria.

Creación del menú acorde al tema

La creación del menú acorde al tema es un proceso que va más allá de la simple selección de platillos; es una expresión culinaria que busca integrar la narrativa del evento en cada bocado. Este enfoque requiere una cuidadosa consideración de cómo cada elemento del menú contribuirá a la experiencia global, armonizando con el tema y concepto gastronómico del evento.

El primer paso en la creación del menú es comprender a fondo el tema del evento. Ya sea que se trate de una celebración de la cocina regional, una fusión de culturas o una exploración de tendencias culinarias contemporáneas, el tema sirve como guía para la selección de platos y la creación de una experiencia coherente. Por ejemplo, si el tema es la cocina mediterránea, se podrían incluir platos emblemáticos como paella, tapas y pescados frescos.

La incorporación de elementos temáticos en cada plato es esencial. Esto puede manifestarse en la elección de ingredientes específicos, técnicas de preparación particulares o presentaciones que reflejen la esencia del tema. Un evento centrado en la cocina molecular, por ejemplo, podría incluir platos que jueguen con texturas y presentaciones vanguardistas, alineándose con la innovación culinaria.

La diversidad y equilibrio en el menú también son aspectos clave. La variedad de sabores, texturas y presentaciones contribuye a una experiencia culinaria rica y satisfactoria para los comensales. Desde entradas hasta postres, cada plato debe ser seleccionado considerando su contribución al conjunto y su capacidad para sorprender y deleitar.

Además, la coherencia en la experiencia sensorial es fundamental. El aroma, la presentación visual y la combinación de sabores deben trabajar en armonía para transportar a los participantes al mundo temático propuesto. Un menú que logra esta cohesión crea una experiencia culinaria envolvente y memorable.

La coherencia en la experiencia sensorial dentro de un evento gastronómico es una consideración fundamental que eleva la propuesta culinaria a un nivel más profundo y memorable. Cada elemento del menú, desde el aroma hasta la presentación visual y la combinación de sabores, debe converger en una armonía que transporte a los participantes al mundo temático propuesto.

El aroma desempeña un papel poderoso en la creación de una experiencia sensorial completa. Al entrar al evento, los participantes deben ser recibidos por fragancias que anticipen la riqueza y diversidad de los platillos por venir. Si el tema es, por ejemplo, la cocina asiática, los toques aromáticos de especias como la canela, el jengibre y la citronela pueden llenar el aire, evocando las esencias características de la región.

La presentación visual de cada plato es un componente igualmente crucial. Los colores, texturas y disposición en el plato deben ser cuidadosamente seleccionados para reflejar el tema y crear un impacto estético. Un menú temático de inspiración marina podría presentar platillos con una paleta de colores que evocan el océano, con presentaciones que imitan las olas o la diversidad de vida marina.

La combinación de sabores es el núcleo de la experiencia gastronómica y, en un evento temático, cada bocado debe transportar a los comensales al contexto propuesto. La elección de ingredientes auténticos y técnicas de cocina específicas contribuye a la cohesión temática. Por ejemplo, en un evento que celebra la gastronomía del sur de Italia, la presencia de tomates frescos, aceitunas, albahaca y aceite de oliva puede ser clave para la autenticidad y coherencia temática.

Cuando estos elementos trabajan en armonía, se crea una experiencia culinaria envolvente y memorable. Los participantes no solo disfrutan de los platillos individualmente, sino que también son llevados en un viaje sensorial que refleja fielmente el tema del evento. La cohesión en la experiencia sensorial no solo es placentera para los sentidos, sino que también refuerza la narrativa global del evento gastronómico, dejando una impresión duradera en la memoria de los asistentes.

En conclusión, la creación del menú acorde al tema es un arte culinario que requiere creatividad y consideración cuidadosa. Desde la selección de platillos hasta la presentación visual, cada elemento del menú debe contribuir a la narrativa global del evento. Un menú bien ejecutado no solo satisface el paladar, sino que también sumerge a los participantes en una experiencia gastronómica que refleja fielmente el tema y concepto del evento.

Selección de proveedores y productos de calidad

La selección de proveedores y productos de calidad es un paso crucial en la planificación de eventos gastronómicos, ya que impacta directamente en la excelencia de la experiencia culinaria ofrecida a los participantes. La elección cuidadosa de proveedores confiables y la adquisición de ingredientes de alta calidad son fundamentales para garantizar la satisfacción de los comensales y la reputación positiva del evento.

En primer lugar, la elección de proveedores confiables es esencial para establecer una base sólida en la ejecución del evento. Los organizadores deben buscar socios que cuenten con una reputación probada en la industria de servicios alimentarios. La experiencia, la fiabilidad en la entrega y la capacidad para adaptarse a las necesidades específicas del evento son criterios clave al seleccionar proveedores.

La calidad de los productos utilizados en la preparación de alimentos es un factor determinante en la satisfacción de los comensales. Optar por ingredientes frescos, locales y, cuando sea posible, de temporada, contribuye a la excelencia culinaria. La elección de proveedores que priorizan la calidad en la selección y suministro de productos garantiza que los platillos presentados sean de la más alta calidad, resaltando los sabores auténticos y la frescura de los ingredientes.

La relación directa entre los organizadores del evento y los proveedores es esencial para garantizar una comunicación fluida y la comprensión de las expectativas mutuas. Establecer un diálogo constante sobre los requisitos específicos del evento, las preferencias en la selección de ingredientes y cualquier detalle relevante es clave para evitar malentendidos y asegurar la alineación en objetivos y estándares de calidad.

La sostenibilidad y la responsabilidad social son consideraciones cada vez más importantes en la elección de proveedores. Optar por proveedores comprometidos con prácticas éticas, responsables con el medio ambiente y socialmente responsables no solo agrega un valor ético al evento, sino que también responde a las crecientes demandas de una audiencia consciente.

La elección de proveedores comprometidos con prácticas éticas, responsabilidad medioambiental y compromiso social no solo es una decisión ética, sino que también responde a las crecientes demandas de una audiencia consciente y preocupada por el impacto social y ambiental de los eventos gastronómicos.

En la actualidad, los consumidores están cada vez más interesados en el origen y la producción de los alimentos que consumen. La transparencia en la cadena de suministro y la adhesión a prácticas éticas son valores importantes para muchos participantes de eventos gastronómicos. Optar por proveedores que compartan estos valores no solo agrega un componente ético al evento, sino que también construye la confianza y la lealtad de los asistentes que valoran la integridad en la oferta alimentaria.

La responsabilidad medioambiental es otra consideración clave en la elección de proveedores. En un mundo donde la sostenibilidad es una preocupación creciente, los eventos gastronómicos tienen la oportunidad de liderar el camino hacia prácticas más ecológicas. La selección de proveedores comprometidos con la reducción de residuos, la gestión sostenible de recursos y la producción local puede contribuir significativamente a la reducción del impacto ambiental del evento.

Asimismo, el compromiso social es un aspecto crucial. La elección de proveedores que adoptan prácticas socialmente responsables, como el apoyo a comunidades locales, la equidad laboral y la participación en iniciativas benéficas, no solo tiene un impacto positivo en la comunidad, sino que también resuena con una audiencia que valora la responsabilidad social corporativa.

La demanda de eventos sostenibles y éticos está en aumento, y los organizadores que adoptan estas prácticas se están posicionando en la vanguardia de las tendencias del mercado. Esto no solo es beneficioso desde el punto de vista ético, sino que también puede ser una estrategia de diferenciación que atraiga a un público cada vez más informado y preocupado por cuestiones éticas y medioambientales.

La elección de proveedores comprometidos con prácticas éticas, responsabilidad medioambiental y compromiso social agrega un valor significativo a los eventos gastronómicos. Más allá de simplemente ofrecer alimentos deliciosos, esta decisión contribuye a la construcción de una reputación positiva, a la fidelización del público y a la posición del evento como líder en la promoción de prácticas responsables y sostenibles en la industria gastronómica.

En síntesis, la selección de proveedores y productos de calidad es un componente esencial en la planificación de eventos gastronómicos exitosos. La elección de proveedores confiables, la priorización de ingredientes de alta calidad y la atención a criterios éticos y sostenibles contribuyen a la creación de una experiencia culinaria excepcional, asegurando la satisfacción de los comensales y la reputación positiva del evento en su conjunto.

Consideraciones dietéticas y restricciones alimenticias

Las consideraciones dietéticas y restricciones alimenticias son aspectos fundamentales a tener en cuenta en la planificación de eventos gastronómicos, ya que reflejan la diversidad de preferencias y necesidades alimentarias de los participantes. Atender estas consideraciones no solo es un gesto de respeto hacia la audiencia, sino que también asegura que todos los asistentes puedan disfrutar plenamente de la experiencia culinaria sin preocupaciones.

En primer lugar, es esencial recopilar información sobre las posibles restricciones alimenticias de los participantes. Esto puede hacerse a través de encuestas previas al evento o proporcionando opciones para que los asistentes informen sobre cualquier alergia, intolerancia o preferencia dietética específica. Esta información permitirá a los organizadores adaptar el menú de manera adecuada, ofreciendo opciones que se ajusten a diversas necesidades.

Las alergias alimentarias son consideraciones críticas, ya que pueden tener consecuencias graves para la salud de los participantes. Es imperativo identificar y tomar medidas para evitar alérgenos comunes, como nueces, gluten o mariscos, en la preparación de alimentos. La comunicación transparente con los proveedores y chefs es esencial para garantizar la seguridad alimentaria y evitar posibles riesgos para la salud.

Además de las alergias, es crucial considerar las preferencias dietéticas y restricciones relacionadas con estilos de vida específicos. La creciente popularidad de dietas como **vegetarianismo, veganismo, sin gluten o paleo indica la importancia de ofrecer opciones** que atiendan a estos grupos. Contar con una variedad de platos que se adapten a diferentes estilos de vida garantiza que todos los participantes se sientan incluidos y puedan disfrutar del evento sin limitaciones.

La creciente popularidad de dietas específicas, como el vegetarianismo, veganismo, sin gluten o paleo, refleja una conciencia cada vez mayor sobre la importancia de la alimentación como parte integral del bienestar y el estilo de vida. En la planificación de eventos gastronómicos, reconocer y atender estas preferencias se ha vuelto esencial para garantizar que todos los participantes se sientan incluidos y puedan disfrutar plenamente de la experiencia culinaria sin limitaciones.

El vegetarianismo y veganismo son estilos de vida alimentarios que han ganado terreno significativo en los últimos años, respaldados por consideraciones éticas, medioambientales y de salud. Ofrecer opciones sin carne ni productos de origen animal en un evento gastronómico es una respuesta directa a la creciente demanda de opciones vegetarianas y veganas. Platos innovadores y sabrosos que incorporan ingredientes vegetales frescos y creativos pueden atraer a una amplia gama de participantes y enriquecer la oferta gastronómica del evento.

La intolerancia al gluten y la adopción de dietas sin gluten también han experimentado un aumento en popularidad, ya sea por razones de salud o preferencias personales. Contar con opciones sin gluten es esencial para atender a aquellos con enfermedad celíaca o sensibilidad al gluten, asegurando que tengan opciones seguras y deliciosas disponibles en el evento.

La intolerancia al gluten y la adopción de dietas sin gluten han experimentado un marcado aumento en popularidad en los últimos años, tanto por razones de salud como por preferencias personales. La atención a esta tendencia en la planificación de eventos gastronómicos es crucial para atender a aquellos con enfermedad celíaca o sensibilidad al gluten, garantizando que tengan opciones seguras y deliciosas disponibles en el evento.

La enfermedad celíaca es una condición autoinmune en la que la ingesta de gluten, una proteína presente en el trigo, cebada y centeno, provoca una respuesta inmunitaria que daña el revestimiento del intestino delgado. Además, hay personas con sensibilidad al gluten que experimentan síntomas similares sin tener enfermedad celíaca. Para ambas categorías, evitar el gluten en la dieta es esencial para mantener la salud y prevenir síntomas gastrointestinales y otras complicaciones.

La inclusión de opciones sin gluten en eventos gastronómicos no solo es una consideración de salud esencial, sino también un gesto de inclusión y respeto hacia aquellos con restricciones dietéticas. Esto se alinea con la creciente conciencia sobre la importancia de la accesibilidad alimentaria en eventos públicos. Contar con una variedad de platos sin gluten en el menú no solo satisface las necesidades de aquellos con intolerancia o sensibilidad, sino que también mejora la experiencia global del evento para todos los asistentes.

Ofrecer opciones sin gluten en eventos gastronómicos implica una cuidadosa selección de ingredientes y prácticas de cocina. Los organizadores deben colaborar estrechamente con proveedores y chefs para garantizar la preparación segura de platos sin gluten, evitando la contaminación cruzada en la cocina y asegurando que cada plato sea una opción segura y deliciosa.

La demanda de opciones sin gluten va más allá de aquellos con enfermedad celíaca o sensibilidad al gluten; muchas personas adoptan dietas sin gluten por elección personal, ya que creen que puede tener beneficios para la salud. Atender a esta diversidad de motivaciones y necesidades asegura que todos los participantes, independientemente de sus restricciones alimenticias, puedan disfrutar plenamente del evento gastronómico.

La inclusión de opciones sin gluten en eventos gastronómicos es esencial para atender a aquellos con enfermedad celíaca o sensibilidad al gluten, garantizando opciones seguras y deliciosas. Además, esta consideración demuestra un compromiso con la inclusión y la atención a las diversas necesidades dietéticas de los participantes, contribuyendo a una experiencia culinaria más accesible y satisfactoria para todos.

Esto no solo refleja una consideración hacia la salud de los asistentes, sino que también amplía la accesibilidad del evento a una audiencia más diversa.

La dieta paleo, que se centra en alimentos no procesados y nutrientes naturales, también ha ganado seguidores que buscan opciones más cercanas a las dietas ancestrales. Incluir platos que se adhieran a los principios de la dieta paleo puede atraer a aquellos que siguen este enfoque específico hacia la alimentación.

La variedad en la oferta gastronómica, que incluye opciones para diferentes estilos de vida y preferencias dietéticas, no solo es una respuesta a las tendencias actuales, sino que también garantiza que todos los participantes puedan disfrutar del evento sin restricciones. La inclusión de opciones diversas en el menú no solo mejora la experiencia del participante, sino que también contribuye a la reputación positiva del evento, demostrando una atención cuidadosa a las necesidades y preferencias individuales.

La creciente popularidad de dietas específicas subraya la importancia de ofrecer opciones variadas en eventos gastronómicos. Al atender el vegetarianismo, vaginismo, sin gluten, paleo y otras preferencias, los organizadores no solo se adaptan a las tendencias actuales, sino que también garantizan una experiencia inclusiva y satisfactoria para todos los asistentes. Este enfoque diversificado hacia la oferta alimentaria refleja un compromiso con la atención personalizada y la adaptabilidad en el mundo culinario de eventos.

La comunicación efectiva con los proveedores y chefs es clave para garantizar la correcta preparación y presentación de opciones dietéticas especiales. Capacitar al personal de cocina sobre las restricciones alimenticias y alergias, así como tener un sistema claro para identificar y servir platos específicos, contribuye a la ejecución exitosa de un evento inclusivo y respetuoso.

Las consideraciones dietéticas y restricciones alimenticias son aspectos críticos en la planificación de eventos gastronómicos. Al anticipar y abordar estas necesidades, los organizadores no solo demuestran sensibilidad hacia la diversidad alimentaria, sino que también garantizan que todos los participantes puedan disfrutar plenamente de la experiencia culinaria sin preocupaciones ni limitaciones. Este enfoque inclusivo contribuye a la satisfacción general de los asistentes y refleja un compromiso con la atención personalizada en la oferta alimentaria del evento.

Maridaje de alimentos y bebidas

El maridaje de alimentos y bebidas es un arte culinario que busca la armonía perfecta entre los sabores y aromas de la comida y las bebidas que la acompañan. Esta práctica eleva la experiencia gastronómica al fusionar cuidadosamente los perfiles de sabor para resaltar lo mejor de cada elemento, creando una sinfonía gustativa en el paladar del comensal.

La base del maridaje radica en comprender las características de los alimentos y las bebidas que se combinan. Los sabores, texturas, intensidades y aromas deben complementarse y realzarse mutuamente, logrando una experiencia en la que el todo sea más que la suma de las partes. Los chefs y sommeliers desempeñan un papel crucial al guiar esta armonización, considerando factores como la acidez, dulzura, amargor y estructura de los platos y las bebidas.

Al maridar alimentos y bebidas, se pueden seguir diferentes enfoques. Por ejemplo, se puede buscar la armonía, donde los sabores se complementan y se equilibran, o se puede optar por el contraste, creando experiencias emocionantes al juntar elementos opuestos. Además, la región de origen de los ingredientes y la tradición culinaria también pueden influir en las elecciones de maridaje, agregando capas de significado cultural a la experiencia.

En eventos gastronómicos, el maridaje se convierte en una oportunidad para destacar la maestría del chef y el conocimiento del sumiller. Los menús cuidadosamente seleccionados que integran vinos, cervezas u otras bebidas específicas con cada plato crean una experiencia multisensorial que cautiva a los comensales. La presentación y explicación de cada maridaje durante el evento añade un componente educativo, permitiendo a los participantes apreciar la complejidad de la combinación de sabores.

Además de vinos, el maridaje ha evolucionado para incluir una variedad de bebidas, como cervezas artesanales, cócteles y hasta tés especiales. La versatilidad en las opciones de maridaje permite a los organizadores personalizar la experiencia según el tema y concepto gastronómico del evento, ampliando las posibilidades y sorprendiendo a los participantes con combinaciones innovadoras.

El maridaje de alimentos y bebidas es una práctica esencial en la culinaria contemporánea. En eventos gastronómicos, esta técnica añade un elemento distintivo y sofisticado, transformando la degustación de platos en una experiencia sensorial completa. El cuidado en la selección y presentación de maridajes demuestra el compromiso con la excelencia culinaria y contribuye a la creación de momentos inolvidables en la memoria gustativa de los participantes.

Capítulo 6

Contratación de Servicios

La contratación de servicios es un componente esencial en la organización de eventos gastronómicos, ya que garantiza la ejecución eficiente y exitosa de cada detalle. Desde la selección de chefs y equipos de cocina hasta la contratación de personal de servicio y proveedores de catering, cada elección desempeña un papel crucial en la creación de una experiencia culinaria inolvidable.

Selección de Chefs y Equipos de Cocina: La contratación de chefs talentosos y experimentados es fundamental para asegurar la calidad y creatividad en la elaboración de los platos. Los chefs aportan su visión culinaria única al evento, creando un menú que refleje el tema y concepto gastronómico. Asimismo, la coordinación de equipos de cocina eficientes garantiza una preparación y presentación fluidas durante el evento.

La selección de chefs y equipos de cocina es un elemento crítico en la organización de eventos gastronómicos, ya que estos profesionales desempeñan un papel fundamental en la creación de una experiencia culinaria única y memorable. La contratación de chefs talentosos y experimentados va más allá de asegurar la calidad de los platos; también aporta una visión culinaria distintiva que complementa el tema y concepto gastronómico del evento.

La primera consideración al seleccionar chefs es evaluar su experiencia y habilidades culinarias. Se busca no solo talento en la elaboración de platos exquisitos, sino también la capacidad de adaptarse a la temática del evento. Los chefs deben ser capaces de interpretar la esencia del tema y traducirla en un menú que no solo sea delicioso, sino que también cuente una historia culinaria coherente.

La creatividad es otro aspecto crucial al elegir chefs para un evento gastronómico. La habilidad para innovar y presentar platos visualmente atractivos contribuye significativamente a la experiencia general. Un menú que sorprende a los comensales con combinaciones inesperadas de sabores, técnicas culinarias innovadoras y presentaciones artísticas añade un elemento de emoción y descubrimiento al evento.

Además de la destreza culinaria, la coordinación eficiente de equipos de cocina es esencial. Los chefs deben liderar equipos que trabajen armoniosamente para garantizar la preparación y presentación fluidas de los platos. La sincronización es clave, especialmente en eventos donde se sirven múltiples platos o en casos de demostraciones culinarias en vivo.

La comunicación efectiva entre los chefs y el personal de cocina es fundamental para evitar contratiempos y garantizar que cada detalle se ajuste al plan del evento. Desde la selección de ingredientes frescos hasta la gestión del tiempo durante la preparación, la coordinación del equipo de cocina es un factor determinante para el éxito del evento.

La selección de chefs y equipos de cocina no solo se trata de habilidades técnicas, sino también de encontrar profesionales que compartan la visión y pasión por el evento. La alineación entre la visión del organizador y la interpretación creativa de los chefs crea una colaboración armoniosa que se refleja en la experiencia culinaria final.

La contratación de chefs y equipos de cocina para eventos gastronómicos es una decisión estratégica que influye directamente en la calidad y originalidad del menú. Al elegir chefs talentosos, creativos y coordinados, se sientan las bases para una experiencia culinaria excepcional que deleitará a los comensales y destacará la esencia del evento gastronómico.

Personal de Servicio: Contratar un equipo de servicio profesional y capacitado contribuye a la experiencia global de los participantes. Desde camareros y bartenders hasta personal de atención al cliente, cada miembro del equipo desempeña un papel crucial en la atención y hospitalidad. La formación en protocolos de servicio y la capacidad de adaptarse a las necesidades cambiantes del evento son aspectos esenciales a considerar.

La contratación de un equipo de servicio profesional y capacitado es un elemento clave para el éxito de eventos gastronómicos, ya que estos profesionales desempeñan un papel esencial en la creación de una experiencia completa para los participantes. Desde camareros y bartenders hasta personal de atención al cliente, cada miembro del equipo contribuye a la atención, hospitalidad y fluidez del evento.

En primer lugar, los camareros son la cara visible del servicio durante el evento. Su capacitación no solo debe centrarse en habilidades técnicas, como el manejo de bandejas y la presentación de platos, sino también en aspectos fundamentales como cortesía, atención al cliente y trabajo en equipo. La amabilidad y eficiencia de los camareros influyen directamente en la percepción general de los participantes sobre la calidad del servicio.

Los bartenders, en eventos que incluyan servicio de bebidas alcohólicas, desempeñan un papel crucial. Además de la destreza en la preparación de cócteles, deben tener conocimientos sobre el menú de bebidas, ofrecer recomendaciones y adaptarse a las preferencias de los comensales. Su interacción directa con los participantes añade un componente social y de entretenimiento al evento.

El personal de atención al cliente también juega un papel significativo. Desde la bienvenida inicial hasta la despedida, la capacidad de este equipo para responder preguntas, resolver problemas y brindar asistencia contribuye directamente a la satisfacción de los participantes. Su capacitación debe incluir la gestión de situaciones imprevistas y la adaptabilidad a las necesidades cambiantes del evento.

La formación en protocolos de servicio es esencial para garantizar la coherencia y profesionalismo en todas las interacciones. La uniformidad en la presentación, el lenguaje corporal y la atención a los detalles refuerzan la imagen de calidad y cuidado que se busca ofrecer a los asistentes.

Además, la capacidad de adaptarse a las necesidades cambiantes del evento es crucial. En eventos gastronómicos, la dinámica puede cambiar rápidamente, y el personal de servicio debe estar preparado para ajustarse a situaciones imprevistas, cambios en el programa y solicitudes de los participantes.

Proveedores de Catering: La elección de proveedores de catering confiables y de calidad es esencial para garantizar la excelencia en la entrega de alimentos y bebidas. La colaboración con proveedores que comparten la visión del evento y que pueden adaptarse a requisitos específicos, como dietas especiales o preferencias culinarias, contribuye a la satisfacción general de los asistentes.

La selección de proveedores de catering es un aspecto crucial en la planificación de eventos gastronómicos, ya que estos proveedores desempeñan un papel fundamental en la entrega de una experiencia culinaria excepcional. La elección de proveedores confiables y de calidad no solo garantiza la excelencia en los alimentos y bebidas, sino que también contribuye significativamente a la satisfacción general de los asistentes.

En primer lugar, la calidad de la comida y la presentación visual son aspectos clave que distinguen a un buen proveedor de catering. La variedad y creatividad en el menú, junto con la capacidad de adaptarse al tema y concepto gastronómico del evento, son indicadores importantes de la excelencia del proveedor. Los alimentos deben no solo ser deliciosos, sino también presentados de manera atractiva, añadiendo un elemento visual que complementa la experiencia gastronómica.

La colaboración con proveedores que comparten la visión del evento es esencial. Un alineamiento en términos de estilo culinario, enfoque creativo y atención a los detalles garantiza una ejecución coherente con la temática del evento. La comunicación efectiva y una comprensión mutua de los objetivos contribuyen a una colaboración exitosa que se traduce en una experiencia culinaria memorable.

La capacidad de adaptarse a requisitos específicos es otro criterio crucial al seleccionar proveedores de catering. En eventos donde se espera una diversidad de asistentes, algunos con dietas especiales o preferencias culinarias específicas, la flexibilidad del proveedor para acomodar estas necesidades contribuye a la satisfacción global de los participantes. Esto puede incluir opciones vegetarianas, veganas, sin gluten u otras adaptaciones según las demandas del público.

La logística y el servicio durante el evento también son aspectos a considerar al seleccionar proveedores de catering. La puntualidad en la entrega, la eficiencia en el montaje y la atención al detalle en la disposición de estaciones de comida contribuyen directamente a la experiencia general. Un servicio atento y coordinado garantiza que los participantes puedan disfrutar de la comida sin contratiempos.

En conclusión, la elección de proveedores de catering confiables y de calidad es esencial para el éxito de eventos gastronómicos. La calidad de la comida, la colaboración efectiva, la capacidad de adaptarse a requisitos específicos y la excelencia en la logística durante el evento son factores que contribuyen a la satisfacción de los asistentes y a la creación de una experiencia culinaria inolvidable.

Alquiler de Equipamiento y Mobiliario: Contratar servicios de alquiler para equipamiento y mobiliario asegura que el espacio del evento esté adecuadamente equipado. Desde vajilla y cristalería hasta mesas y sillas, la elección de proveedores de alquiler confiables facilita la logística y contribuye a la estética general del evento.

El alquiler de equipamiento y mobiliario es un componente esencial en la planificación de eventos gastronómicos, ya que garantiza que el espacio esté adecuadamente equipado para proporcionar una experiencia cómoda y estéticamente atractiva para los asistentes. Al elegir proveedores de alquiler confiables, se facilita la logística del evento y se contribuye a la creación de un ambiente que complementa la temática y concepto gastronómico.

Uno de los elementos clave en el alquiler de equipamiento es la vajilla y cristalería. La elección de piezas que se alineen con la estética general del evento agrega un toque de elegancia y coherencia visual. La calidad de estos elementos también influye en la experiencia del comensal, contribuyendo al disfrute de la comida y bebida.

El mobiliario, incluyendo mesas y sillas, es fundamental para la comodidad de los asistentes. La disposición de mesas y sillas debe considerarse cuidadosamente para crear un flujo eficiente y permitir una experiencia de comida cómoda. La elección de mobiliario que se ajuste al tema del evento y cree una atmósfera agradable es esencial para la estética general.

Además del mobiliario básico, el alquiler de equipamiento adicional puede incluir elementos como carpas, mantelería, iluminación y sistemas de sonido. Estos elementos adicionales contribuyen a la creación de una atmósfera envolvente y pueden adaptarse al tema específico del evento. Por ejemplo, la iluminación adecuada puede realzar la presentación de la comida y crear un ambiente acogedor.

La colaboración con proveedores de alquiler que ofrezcan servicios completos, desde la entrega y montaje hasta la recogida al final del evento, simplifica la logística para los organizadores. La puntualidad en la entrega y recogida es fundamental para garantizar que todos los elementos estén listos a tiempo y que la desinstalación se realice de manera eficiente sin interrupciones.

Servicios de Decoración y Ambientación: La contratación de servicios de decoración y ambientación es esencial para crear la atmósfera deseada. Colaborar con expertos en diseño de eventos que comprendan la temática y concepto gastronómico permite transformar el espacio en un escenario que complemente la experiencia culinaria.

Los servicios de decoración y ambientación son elementos esenciales en la planificación de eventos gastronómicos, ya que contribuyen significativamente a la creación de la atmósfera deseada. La colaboración con expertos en diseño de eventos que comprendan la temática y concepto gastronómico es crucial para transformar el espacio en un escenario que complemente y realce la experiencia culinaria.

En primer lugar, la decoración del espacio se convierte en un elemento clave para transmitir la temática del evento. Desde la elección de colores y materiales hasta la disposición de elementos decorativos, cada detalle contribuye a la creación de una atmósfera única. Por ejemplo, en un evento gastronómico centrado en la cocina mediterránea, se podrían utilizar colores cálidos, elementos de madera y decoración que evoca la esencia de la región.

La ambientación del espacio también juega un papel crucial. La iluminación adecuada puede realzar la presentación de la comida y crear una atmósfera acogedora. Elementos como centros de mesa, textiles y detalles decorativos temáticos contribuyen a la creación de un entorno visualmente atractivo y coherente con la propuesta culinaria.

La selección de proveedores de servicios de decoración y ambientación debe basarse en su capacidad para entender y traducir la visión del evento en una propuesta visual. La comunicación efectiva entre los organizadores y los diseñadores de eventos es esencial para garantizar que la decoración y ambientación se alineen con la temática, creando un escenario coherente y atractivo.

Además, la flexibilidad y capacidad de personalización de los servicios de decoración son factores importantes. Cada evento gastronómico es único, y la decoración debe adaptarse a la propuesta específica del evento. Los proveedores que pueden ofrecer soluciones personalizadas y ajustarse a los requisitos particulares del evento son fundamentales para garantizar una ejecución exitosa.

La logística de la instalación y desinstalación de la decoración también debe considerarse. La puntualidad y eficiencia en estas operaciones son esenciales para garantizar que el espacio esté listo a tiempo y que la desinstalación se realice sin contratiempos al final del evento.

En primer lugar, la instalación de la decoración debe llevarse a cabo de manera cuidadosa y coordinada. Los proveedores de servicios de decoración deben llegar al lugar del evento con suficiente antelación para tener el tiempo necesario para colocar cada elemento decorativo de acuerdo con el diseño previamente establecido. La puntualidad en esta fase es crucial para que el espacio esté listo para recibir a los participantes en el momento programado.

Durante la instalación, la coordinación entre los diferentes proveedores de servicios, como los encargados del catering y el personal de alquiler de mobiliario, también es fundamental. Cada equipo debe trabajar de manera sincronizada para evitar retrasos y garantizar que todos los elementos se integren adecuadamente en el espacio.

La eficiencia en la desinstalación es igualmente importante. Después de que concluye el evento, el personal de desinstalación debe actuar con rapidez y eficacia para retirar la decoración de manera ordenada. Esto no solo facilita la transición a la fase de desmontaje general del evento, sino que también permite liberar el espacio de manera oportuna.

La planificación anticipada y la comunicación efectiva entre los organizadores y los proveedores de servicios son factores clave para garantizar una logística de instalación y desinstalación exitosa. Se deben establecer horarios detallados que permitan un margen de tiempo suficiente para abordar cualquier imprevisto y asegurar que cada etapa se realice de manera fluida.

Además, contar con un equipo dedicado a supervisar la instalación y desinstalación puede ser beneficioso. Este equipo puede coordinar las actividades de los diversos proveedores, garantizando que cada elemento decorativo se coloque y retire de acuerdo con el diseño planificado.

En conclusión, los servicios de decoración y ambientación son elementos fundamentales para la creación de una experiencia completa en eventos gastronómicos. La colaboración con expertos que comprendan la temática y concepto gastronómico, junto con la capacidad de personalización y eficiencia logística, contribuye directamente a la creación de un entorno visualmente atractivo y coherente con la propuesta culinaria, enriqueciendo la experiencia global de los participantes

Contratación de Servicios Técnicos: Para eventos que incluyan presentaciones, demostraciones culinarias en vivo o cualquier componente técnico, la contratación de servicios técnicos, como proveedores de sonido, iluminación y proyección, es crucial. La ejecución fluida de estos aspectos técnicos mejora la calidad global del evento.

La contratación de servicios técnicos desempeña un papel crucial en la planificación de eventos gastronómicos, especialmente aquellos que incorporan presentaciones, demostraciones culinarias en vivo u otros componentes técnicos. Al asegurar la calidad y ejecución fluida de estos aspectos técnicos, se mejora la experiencia global del evento y se garantiza que los participantes disfruten de todas las facetas de la propuesta culinaria.

Uno de los servicios técnicos fundamentales es el proveedor de sonido. Para eventos que incluyen presentaciones, charlas o demostraciones, un sistema de sonido de alta calidad es esencial. La claridad en la reproducción del sonido garantiza que los asistentes puedan escuchar y disfrutar de cada detalle, ya sea una explicación detallada de un chef destacado o la música ambiental que complementa la experiencia.

La iluminación es otro componente crucial que puede transformar la atmósfera del evento. La contratación de profesionales de iluminación permite crear ambientes atractivos y resaltar aspectos específicos, como la presentación visual de los platos. Además, la iluminación adecuada puede contribuir a la creación de una experiencia multisensorial, resaltando la presentación visual de los alimentos y añadiendo un toque de elegancia al evento.

En eventos que incorporan demostraciones culinarias en vivo, la contratación de servicios técnicos para la proyección es esencial. Proveedores de proyección pueden asegurar que las imágenes se visualicen de manera clara y nítida, permitiendo a los participantes seguir de cerca cada paso de la preparación culinaria. Esto no solo mejora la experiencia para aquellos presentes, sino que también puede ser utilizado como una herramienta educativa y de entretenimiento.

La contratación de servicios técnicos debe considerar la logística del espacio y la disposición del evento. La coordinación entre los proveedores técnicos y otros equipos, como los de catering y decoración, es esencial para garantizar una ejecución fluida y evitar posibles conflictos logísticos.

La experiencia técnica también puede incluir la contratación de personal especializado para operar los equipos durante el evento. Contar con profesionales que comprendan las necesidades específicas del evento y estén capacitados para abordar cualquier problema técnico garantiza un flujo sin contratiempos.

En síntesis, la contratación de servicios en eventos gastronómicos es una inversión estratégica que impacta directamente en la calidad y éxito del evento. Seleccionar profesionales y proveedores alineados con la visión del evento y garantizar una comunicación clara son pasos esenciales para asegurar que cada aspecto, desde la cocina hasta la ambientación, contribuya a la creación de una experiencia culinaria inolvidable.

Catering y servicio de alimentos

El catering y el servicio de alimentos son aspectos fundamentales en la planificación de eventos gastronómicos, ya que la calidad de la comida y el servicio influyen directamente en la experiencia de los participantes. La selección cuidadosa de proveedores de catering, así como la atención a los detalles en la presentación y servicio, son esenciales para ofrecer una propuesta culinaria inolvidable.

En primer lugar, la selección de proveedores de catering debe alinearse con la visión y temática del evento. La contratación de chefs y equipos de cocina experimentados es crucial para garantizar la calidad y creatividad en la elaboración de los platos. La experiencia y habilidad de los chefs aportan una dimensión única a la propuesta culinaria, creando un menú que refleje de manera auténtica la temática y concepto gastronómico del evento.

La coordinación eficiente de los equipos de cocina también es vital. Un personal de cocina bien coordinado garantiza una preparación y presentación fluidas durante el evento, contribuyendo a una experiencia gastronómica sin contratiempos.

En cuanto al servicio de alimentos, la atención al cliente y la hospitalidad son elementos clave. La contratación de un equipo de servicio profesional y capacitado contribuye directamente a la experiencia global de los participantes. Desde camareros y bartenders hasta personal de atención al cliente, cada miembro del equipo desempeña un papel crucial en la atención y satisfacción de los asistentes.

La formación en protocolos de servicio y la capacidad de adaptarse a las necesidades cambiantes del evento son aspectos esenciales a considerar. Un servicio atento y eficiente asegura que los participantes se sientan bien atendidos, lo que contribuye a una experiencia positiva.

La presentación de los alimentos también es un componente clave. La coherencia en la experiencia sensorial es fundamental, y la atención a aspectos como el aroma, la presentación visual y la combinación de sabores crea una experiencia culinaria envolvente y memorable. Un menú que logra esta cohesión transporta a los participantes al mundo temático propuesto, convirtiendo cada bocado en un viaje sensorial.

La selección cuidadosa de proveedores, la coordinación eficiente de equipos de cocina y la atención al cliente y presentación son factores críticos que contribuyen directamente a la creación de una experiencia gastronómica inolvidable. En conjunto, estos elementos aseguran que la propuesta culinaria sea destacada, deliciosa y alineada con la visión y temática del evento.

Decoración y ambientación

La decoración y ambientación son elementos fundamentales en la creación de una experiencia única y atractiva en eventos gastronómicos. Estos aspectos contribuyen directamente a la atmósfera del evento, estableciendo el tono y enfatizando la temática y concepto gastronómico. Una decoración cuidadosamente planificada y una ambientación bien ejecutada pueden transformar el espacio y elevar la experiencia de los participantes.

En primer lugar, la decoración debe ser coherente con la temática del evento. Desde la elección de colores y elementos decorativos hasta la disposición del mobiliario, cada detalle debe contribuir a la narrativa general. La estética visual se convierte en un complemento esencial de la experiencia culinaria, agregando capas de disfrute y creando una atmósfera atractiva y envolvente.

La selección de elementos decorativos debe considerar la creación de espacios atractivos y funcionales. La disposición de mesas, sillas, iluminación y elementos decorativos debe facilitar la circulación de los participantes, permitiendo que disfruten de la experiencia gastronómica de manera cómoda y sin obstrucciones.

La elección de colores también desempeña un papel significativo en la ambientación. Tonos que reflejen la temática del evento y creen una atmósfera acogedora contribuyen a una experiencia más agradable para los participantes. La iluminación adecuada es clave para resaltar la decoración y añadir un toque de elegancia al evento.

La incorporación de elementos temáticos específicos puede llevar la ambientación al siguiente nivel. Desde la utilización de elementos naturales y orgánicos para eventos al aire libre hasta la creación de rincones específicos que complementen la temática gastronómica, la creatividad en la decoración contribuye a una experiencia visualmente impactante.

La logística de instalación y desinstalación de la decoración también debe ser cuidadosamente planificada. La puntualidad y eficiencia en estas operaciones son esenciales para garantizar que el espacio esté listo a tiempo y que la desinstalación se realice sin contratiempos al final del evento.

En definitiva, La atención a la temática, la disposición funcional de elementos decorativos, la elección de colores y la incorporación de elementos temáticos específicos contribuyen directamente a la creación de una experiencia única y memorable. Una decoración bien ejecutada transforma el espacio en un escenario que complementa la experiencia culinaria, agregando capas de disfrute y elevando la propuesta gastronómica a una experiencia multisensorial.

Entretenimiento y actividades complementarias

El entretenimiento y las actividades complementarias desempeñan un papel clave en la creación de experiencias memorables en eventos gastronómicos. Estos elementos no solo añaden diversidad a la propuesta culinaria, sino que también contribuyen a la atmósfera general del evento, manteniendo a los participantes comprometidos y entretenidos a lo largo de la experiencia.

Una opción popular en eventos gastronómicos es la inclusión de actuaciones en vivo que complementen la temática del evento. Músicos, bandas o artistas en vivo pueden agregar un elemento vibrante y dinámico, creando una experiencia multisensorial donde la música se fusiona con los sabores y aromas de la gastronomía. Además, la elección de actuaciones en vivo puede adaptarse para reflejar la diversidad de la oferta culinaria, desde música clásica hasta géneros contemporáneos que complementen la temática del evento.

Otra forma de entretenimiento es la inclusión de demostraciones culinarias en vivo. Invitar a chefs destacados para realizar demostraciones o talleres permite a los participantes aprender y apreciar técnicas culinarias mientras disfrutan de platos preparados frente a sus ojos. Esto agrega un componente educativo y de participación activa, enriqueciendo la experiencia del evento.

La organización de catas de alimentos y bebidas también es una opción atractiva. Permitir a los participantes explorar y degustar variedades de vinos, cervezas, quesos u otros productos culinarios ofrece una experiencia interactiva que complementa la propuesta gastronómica principal. Estas catas pueden ser guiadas por expertos que proporcionen información y contexto, enriqueciendo aún más la experiencia sensorial.

Además, la inclusión de actividades interactivas, como concursos o juegos relacionados con la gastronomía, fomenta la participación activa de los asistentes. Estas actividades no solo añaden diversión y dinamismo al evento, sino que también crean oportunidades para que los participantes se conecten entre sí y con la temática gastronómica.

La consideración de opciones de entretenimiento debe alinearse con la audiencia objetivo del evento y la temática gastronómica. Desde opciones más formales, como actuaciones en vivo, hasta actividades más informales y participativas, la diversidad en las opciones de entretenimiento permite adaptarse a diferentes gustos y preferencias.

Seguridad y personal de apoyo

El entretenimiento y las actividades complementarias desempeñan un papel clave en la creación de experiencias memorables en eventos gastronómicos. Estos elementos no solo añaden diversidad a la propuesta culinaria, sino que también contribuyen a la atmósfera general del evento, manteniendo a los participantes comprometidos y entretenidos a lo largo de la experiencia.

Una opción popular en eventos gastronómicos es la inclusión de actuaciones en vivo que complementen la temática del evento. Músicos, bandas o artistas en vivo pueden agregar un elemento vibrante y dinámico, creando una experiencia multisensorial donde la música se fusiona con los sabores y aromas de la gastronomía. Además, la elección de actuaciones en vivo puede adaptarse para reflejar la diversidad de la oferta culinaria, desde música clásica hasta géneros contemporáneos que complementen la temática del evento.

Otra forma de entretenimiento es la inclusión de demostraciones culinarias en vivo. Invitar a chefs destacados para realizar demostraciones o talleres permite a los participantes aprender y apreciar técnicas culinarias mientras disfrutan de platos preparados frente a sus ojos. Esto agrega un componente educativo y de participación activa, enriqueciendo la experiencia del evento.

La organización de catas de alimentos y bebidas también es una opción atractiva.

Permitir a los participantes explorar y degustar variedades de vinos, cervezas, quesos u otros productos culinarios ofrece una experiencia interactiva que complementa la propuesta gastronómica principal. Estas catas pueden ser guiadas por expertos que proporcionen información y contexto, enriqueciendo aún más la experiencia sensorial.

Además, la inclusión de actividades interactivas, como concursos o juegos relacionados con la gastronomía, fomenta la participación activa de los asistentes. Estas actividades no solo añaden diversión y dinamismo al evento, sino que también crean oportunidades para que los participantes se conecten entre sí y con la temática gastronómica.

La consideración de opciones de entretenimiento debe alinearse con la audiencia objetivo del evento y la temática gastronómica. Desde opciones más formales, como actuaciones en vivo, hasta actividades más informales y participativas, la diversidad en las opciones de entretenimiento permite adaptarse a diferentes gustos y preferencias.

Capítulo 7

Promoción y Comunicación

En el proceso de organización de eventos gastronómicos, la promoción y la comunicación desempeñan un papel crucial para atraer la atención del público, generar expectación y garantizar una participación exitosa. Estos elementos son fundamentales para crear conciencia sobre el evento y transmitir la propuesta única que ofrece. A continuación, se exploran estrategias clave para una promoción efectiva y una comunicación impactante:

1. Estrategias de Promoción

Campañas en Redes Sociales: Utilizar plataformas como Instagram, Facebook y Twitter para compartir imágenes atractivas de platos, detrás de escena, y detalles del evento. Crear contenido interactivo, como encuestas y concursos, para involucrar a la audiencia.

Las campañas en redes sociales constituyen una estrategia fundamental para la promoción efectiva de eventos gastronómicos. Plataformas como Instagram, Facebook y Twitter se convierten en poderosas herramientas para construir expectación y atraer la atención del público objetivo.

En Instagram y Facebook, la visualización juega un papel esencial. Compartir imágenes atractivas de platos exquisitos, chefs trabajando en sus creaciones y detalles cautivadores del evento crea un impacto visual que despierta el interés de los seguidores. La presentación estética de la comida, capturada de manera profesional, actúa como una invitación virtual, generando expectación entre los potenciales asistentes.

La interactividad es clave en la promoción a través de redes sociales. Crear contenido interactivo, como encuestas y concursos, involucra a la audiencia de manera directa. Las encuestas pueden indagar sobre las preferencias culinarias de los seguidores, generando una conexión emocional y personalizada. Además, los concursos ofrecen la oportunidad de participación activa, con premios relacionados al evento, incentivando la participación y compartición de contenido.

El uso estratégico de hashtags específicos para el evento facilita la visibilidad y seguimiento por parte de la comunidad en redes sociales. Los seguidores pueden seguir el hashtag para mantenerse actualizados sobre novedades y participar en la conversación en torno al evento gastronómico.

Colaboraciones con Influencers: Trabajar con influencers gastronómicos y expertos en redes sociales para amplificar el alcance del evento. Las recomendaciones auténticas de estas figuras pueden generar un interés significativo.

Las colaboraciones con influencers gastronómicos y expertos en redes sociales representan una estrategia poderosa para la promoción de eventos culinarios. Al asociarse con personalidades reconocidas en el ámbito gastronómico, se logra un alcance significativo y se aprovecha la credibilidad y autenticidad que estos influencers aportan a sus recomendaciones.

La clave de estas colaboraciones radica en la autenticidad y afinidad del influencer con la temática del evento. Seleccionar influencers cuya audiencia comparta intereses en la gastronomía garantiza que sus recomendaciones resuenen de manera genuina entre sus seguidores. La audiencia confía en la opinión de estos influencers, considerándolos como referentes en el mundo culinario.

La participación de influencers puede tomar diversas formas, desde la creación de contenido específico para el evento hasta la cobertura en tiempo real durante el mismo. Publicar reseñas, fotografías y experiencias en las redes sociales contribuye a construir expectación y generar interés entre los seguidores de ese influencer.

Además, las colaboraciones pueden extenderse a sorteos, concursos o invitaciones especiales para los seguidores del influencer, incentivando la participación y la asistencia al evento. La interacción directa con la audiencia a través de estas personalidades amplifica la visibilidad del evento y crea una conexión emocional con los potenciales asistentes.

Marketing de Contenidos: Desarrollar contenido atractivo relacionado con el evento, como blogs, videos y podcast. Compartir historias sobre chefs participantes, la inspiración detrás del tema del evento y otros aspectos interesantes.

El marketing de contenidos emerge como una estrategia valiosa para la promoción de eventos gastronómicos, ofreciendo una plataforma para compartir historias cautivadoras y generar anticipación entre la audiencia. A través de diversos formatos, como blogs, videos y podcasts, se puede construir una narrativa envolvente que destaque los aspectos más atractivos del evento.

El contenido puede centrarse en diversos elementos, desde perfiles detallados de chefs participantes hasta exploraciones de la inspiración detrás del tema del evento. Al compartir las historias detrás de los platos, las técnicas culinarias y las tradiciones, se involucra a la audiencia en un viaje emocional que va más allá de la simple promoción.

Los blogs permiten la profundización en temas específicos, brindando espacio para entrevistas, artículos informativos y perspectivas únicas. Por otro lado, los videos y podcasts ofrecen una experiencia más visual y auditiva, capturando la atención del público de manera dinámica. Entrevistas con chefs, recorridos por la preparación de platos o debates sobre tendencias culinarias son solo algunas ideas que pueden explorarse en estos formatos.

La consistencia en la creación de contenido antes, durante y después del evento mantiene el interés de la audiencia a lo largo del tiempo. Los contenidos pre-evento pueden enfocarse en la construcción de expectativas y la presentación de los participantes, mientras que los materiales post-evento pueden resaltar momentos destacados, testimonios y la preparación para futuras ediciones.

En última instancia, el marketing de contenidos no solo sirve como herramienta promocional, sino como un medio para conectar emocionalmente con la audiencia. Al compartir historias auténticas y fascinantes, se crea una experiencia multisensorial que envuelve a los potenciales asistentes en la esencia y la emoción del evento gastronómico, generando un impacto significativo en su participación.

2. Estrategias de Comunicación

Comunicados de Prensa: Crear comunicados de prensa detallados y atractivos para enviar a medios de comunicación locales y especializados en gastronomía. Destacar aspectos únicos del evento, participación de chefs destacados y posibles novedades.

Los comunicados de prensa desempeñan un papel clave en la promoción efectiva de eventos gastronómicos, ya que ofrecen una plataforma estructurada para comunicar información vital a los medios de comunicación. Estos documentos detallados proporcionan a los periodistas y editores los elementos esenciales del evento, sirviendo como una herramienta persuasiva para generar cobertura mediática.

En la creación de comunicados de prensa para eventos culinarios, es crucial destacar los aspectos únicos que diferencian el evento. Esto puede incluir la participación de chefs reconocidos, la temática inusual o innovadora, o cualquier novedad relevante que pueda captar la atención de la audiencia. Al resaltar estos elementos, se crea un gancho intrigante que puede atraer tanto a los periodistas como al público en general.

La participación de chefs destacados es un componente especialmente atractivo, ya que puede generar un interés instantáneo. Detallar las contribuciones específicas de cada chef, ya sea la presentación de platos exclusivos, demostraciones culinarias en vivo o participación en paneles de discusión, brinda a los medios de comunicación un enfoque claro para sus coberturas.

Además, incluir detalles sobre las experiencias únicas que ofrecerá el evento, ya sea una degustación de platos exclusivos, maridajes innovadores o actividades interactivas, agrega un elemento de anticipación y emoción. Este enfoque en las experiencias sensoriales y la singularidad del evento puede despertar la curiosidad de los periodistas y sus audiencias.

La distribución estratégica de los comunicados de prensa a medios locales y especializados en gastronomía es esencial para maximizar su impacto. Al identificar y contactar a periodistas y editores que cubren eventos culinarios, se aumenta la probabilidad de obtener cobertura mediática significativa.

Alianzas Estratégicas: Colaborar con medios de comunicación, blogs gastronómicos y revistas especializadas para promover el evento. Establecer alianzas estratégicas puede aumentar la visibilidad y la credibilidad del evento.

La formación de alianzas estratégicas es una estrategia clave en la promoción de eventos gastronómicos. Colaborar con medios de comunicación, blogs gastronómicos y revistas especializadas ofrece una oportunidad única para aumentar la visibilidad y la credibilidad del evento.

Al establecer alianzas con medios de comunicación, se aprovecha su alcance y audiencia para difundir información sobre el evento de manera efectiva. Los comunicados de prensa y la colaboración en la creación de contenido específico pueden resultar en cobertura mediática valiosa, llegando a un público más amplio y diverso.

Los blogs gastronómicos, con sus seguidores dedicados y apasionados por la comida, son aliados poderosos. Colaborar con blogueros especializados permite una cobertura más detallada y personalizada del evento. Los blogs pueden ofrecer reseñas anticipadas, entrevistas con chefs participantes y contenido visual atractivo que genere anticipación entre la audiencia.

Las revistas especializadas en gastronomía, con su enfoque editorial y credibilidad, aportan una dimensión adicional de autoridad al evento. La inclusión en artículos, reseñas o listas destacadas puede aumentar significativamente el estatus del evento en la industria culinaria.

La construcción de alianzas estratégicas va más allá de la mera promoción. También implica ofrecer un valor mutuo a los socios. Los medios de comunicación, blogs y revistas buscan contenido interesante y relevante para sus lectores, por lo que proporcionar detalles exclusivos, acceso especial o primicias puede incentivar su interés en colaborar.

Además, la colaboración continua con estos aliados puede extenderse más allá del evento en sí, creando relaciones a largo plazo que benefician a ambas partes. La repetición de eventos exitosos y la asociación continua con medios consolidan la presencia del evento en la escena gastronómica, generando un impacto más duradero.

Estrategias de Email Marketing: Enviar newsletters periódicas a suscriptores con actualizaciones sobre el evento, detalles exclusivos y ofertas especiales. Personalizar los correos electrónicos para adaptarse a los intereses del destinatario.

Las estrategias de Email Marketing son una herramienta eficaz para promocionar eventos gastronómicos al mantener una conexión directa con la audiencia. Enviar newsletters periódicas a suscriptores ofrece una forma directa de compartir actualizaciones, detalles exclusivos y ofertas especiales relacionadas con el evento.

La personalización juega un papel crucial en el éxito del Email Marketing. Segmentar la lista de suscriptores y adaptar el contenido de los correos electrónicos según los intereses y preferencias individuales garantiza que cada mensaje sea relevante para el destinatario. Por ejemplo, los amantes de la alta cocina podrían recibir información sobre cenas exclusivas con chefs destacados, mientras que los interesados en experiencias más informales podrían recibir detalles sobre eventos de food trucks y degustaciones.

El Email Marketing también permite generar anticipación y mantener el interés a lo largo del tiempo. A medida que se acerca la fecha del evento, se pueden enviar correos electrónicos con cuentas regresivas, avances de menús y perfiles detallados de los chefs participantes. Además, ofrecer acceso anticipado a la compra de entradas o promociones exclusivas a través del correo electrónico crea un sentido de privilegio para los suscriptores, fomentando la participación.

La interactividad en los correos electrónicos también puede aumentar la participación. Incluir encuestas o preguntas para obtener comentarios directos de la audiencia no solo involucra a los suscriptores, sino que también proporciona datos valiosos para ajustar la estrategia de marketing en tiempo real.

En conclusión, las estrategias de Email Marketing ofrecen una plataforma efectiva para mantener a la audiencia informada, crear expectación y fomentar la participación. La personalización, la interactividad y la relevancia son clave para aprovechar al máximo esta herramienta en la promoción de eventos gastronómicos.

3. Creación de Sitio Web y Plataformas de Registro

Diseño Atractivo: Desarrollar un sitio web atractivo y fácil de navegar para proporcionar información detallada sobre el evento, incluyendo el menú, los chefs participantes y la ubicación.

El diseño atractivo de un sitio web es esencial para captar la atención de potenciales asistentes a eventos gastronómicos. La página web sirve como una ventana virtual que ofrece información detallada sobre el evento, creando la primera impresión y despertando el interés del público.

Un diseño atractivo implica una interfaz intuitiva y agradable visualmente. Los elementos gráficos deben ser coherentes con la temática y el concepto gastronómico del evento, creando una experiencia online que refleje la calidad y la estética que se encontrarán presencialmente. Fotografías de alta calidad de platos destacados y de ediciones anteriores del evento pueden despertar el apetito y generar anticipación.

La navegación fácil es clave. Los visitantes deben poder acceder fácilmente a información vital como el menú, los chefs participantes, la ubicación y la compra de entradas. Además, se debe garantizar que la página sea responsiva, adaptándose a diferentes dispositivos, como teléfonos móviles y tabletas, para una experiencia óptima en todos los formatos.

Incluir secciones interactivas, como formularios de contacto, preguntas frecuentes y enlaces a redes sociales, permite a los visitantes participar y obtener respuestas a sus preguntas de manera rápida. También es beneficioso integrar opciones de compra de entradas directamente desde el sitio web, facilitando el proceso para los interesados.

Plataformas de Registro en Línea: Facilitar el proceso de registro mediante plataformas en línea. Ofrecer descuentos especiales o beneficios a aquellos que se registren con anticipación.

La implementación de plataformas de registro en línea es esencial para simplificar y agilizar el proceso de inscripción a eventos gastronómicos. Estas plataformas proporcionan una interfaz fácil de usar que permite a los interesados registrarse de manera rápida y conveniente desde la comodidad de sus dispositivos.

Ofrecer incentivos, como descuentos especiales o beneficios exclusivos, a aquellos que se registren con anticipación puede ser un poderoso motivador. Esta estrategia no solo fomenta la participación temprana, sino que también brinda a los organizadores información valiosa sobre la cantidad de asistentes esperados, lo que facilita la planificación y logística del evento.

Estas plataformas en línea suelen incluir formularios personalizables que recopilan información relevante, como nombres, direcciones de correo electrónico y preferencias dietéticas. Esta recopilación de datos permite a los organizadores conocer mejor a su audiencia, lo que puede ser útil para personalizar la experiencia del evento y enviar comunicaciones específicas a los participantes.

Además, la integración de sistemas de pago en línea agiliza la adquisición de boletos, brindando una experiencia sin complicaciones a los asistentes. Esto es especialmente beneficioso para eventos populares, donde la rapidez y eficiencia del proceso de registro pueden marcar la diferencia.

4. Estrategias de Palabra de Boca

Eventos Previos: Organizar eventos previos o degustaciones para generar interés y permitir que los asistentes compartan sus experiencias con amigos y familiares.

La organización de eventos previos o degustaciones se presenta como una estrategia efectiva para generar anticipación y entusiasmo en torno a un evento gastronómico. Estas experiencias previas ofrecen a los asistentes la oportunidad de explorar, degustar y familiarizarse con la propuesta culinaria que se presentará en el evento principal.

Estos eventos previos pueden adoptar diversas formas, desde cenas exclusivas con los chefs participantes hasta degustaciones de platos representativos del menú principal. La clave radica en crear una experiencia que adelante y destaque la calidad y creatividad culinaria que se ofrecerá en el evento principal.

Además de ofrecer una vista previa del talento culinario y el menú, los eventos previos permiten a los asistentes compartir sus experiencias con amigos y familiares. Esta interacción boca a boca, respaldada por experiencias positivas, sirve como una forma orgánica y efectiva de promoción. Aquellos que han participado en eventos previos se convierten en embajadores entusiastas, compartiendo sus impresiones y recomendaciones con sus círculos personales.

La creación de un ambiente exclusivo y atractivo en estos eventos previos contribuye a establecer expectativas positivas y a consolidar el interés de los participantes en el evento principal. Además, puede ser una oportunidad para recopilar comentarios valiosos, permitiendo a los organizadores ajustar detalles y optimizar la experiencia del evento principal.

Programa de Recomendaciones: Implementar un programa de recomendaciones, donde los participantes actuales pueden referir a amigos y recibir beneficios adicionales.

La implementación de un programa de recomendaciones se presenta como una estrategia ingeniosa para ampliar la visibilidad y participación en un evento gastronómico. Este programa permite a los participantes actuales convertirse en embajadores entusiastas al referir a amigos, familiares o colegas, y recibir beneficios adicionales a cambio.

El funcionamiento básico de un programa de recomendaciones consiste en ofrecer incentivos a los participantes que recomienden el evento a otras personas. Estos incentivos pueden variar, desde descuentos exclusivos y acceso a experiencias especiales hasta regalos y beneficios personalizados.

La clave del éxito de este programa radica en la creación de un sistema claro y atractivo que motive a los participantes a compartir la experiencia del evento con su red personal. Esto no solo amplía la base de asistentes potenciales, sino que también capitaliza la confianza y credibilidad que los amigos y familiares comparten entre sí.

La implementación de un programa de recomendaciones se alinea perfectamente con la era digital, ya que se puede integrar con plataformas en línea y redes sociales. Los participantes pueden compartir fácilmente en sus perfiles sociales, amplificando así el alcance del evento a nuevas audiencias.

Además, este tipo de programa no solo beneficia a los asistentes actuales, sino que también crea una dinámica de participación más amplia y colaborativa. Fomenta un sentido de comunidad entre los participantes, ya que todos tienen la oportunidad de contribuir al éxito del evento y disfrutar de beneficios adicionales.

Al integrar estas estrategias de promoción y comunicación, se puede construir una narrativa sólida alrededor del evento gastronómico, captar la atención del público objetivo y garantizar una participación entusiasta que contribuirá al éxito general del evento.

Alianzas estratégicas con patrocinadores

Las alianzas estratégicas con patrocinadores representan un elemento fundamental en la promoción y ejecución exitosa de eventos gastronómicos. Estas colaboraciones no solo ofrecen apoyo financiero, sino que también pueden aportar credibilidad, recursos y una audiencia más amplia. La selección cuidadosa de patrocinadores que compartan los valores y objetivos del evento es esencial para construir relaciones mutuamente beneficiosas.

La colaboración con patrocinadores gastronómicos puede traducirse en diversas formas de respaldo, como el suministro de ingredientes de alta calidad, equipos culinarios o incluso la presencia de chefs reconocidos. Estas asociaciones fortalecen la propuesta del evento y añaden un componente de prestigio.

Además del respaldo financiero y logístico, los patrocinadores pueden contribuir significativamente a la promoción del evento. A través de sus propias redes y canales de marketing, los patrocinadores pueden amplificar la visibilidad del evento, llegar a nuevas audiencias y generar un mayor interés.

Las alianzas estratégicas pueden extenderse más allá de los patrocinadores directamente vinculados a la industria alimentaria. Colaborar con patrocinadores de sectores relacionados, como el turismo, la tecnología o el entretenimiento, puede agregar dimensiones adicionales al evento y llegar a públicos más diversos.

Establecer alianzas estratégicas sólidas implica una comunicación abierta y una comprensión compartida de los objetivos. Los patrocinadores deben ser considerados como socios y no simplemente como inversores, ya que su participación va más allá de la aportación financiera.

Capítulo 8

Logística y Coordinación

La logística y coordinación son elementos esenciales para el éxito de cualquier evento gastronómico. Implican la planificación y ejecución eficiente de diversas actividades para garantizar que el evento transcurra sin contratiempos y cumpla con las expectativas de los participantes.

En el contexto de eventos gastronómicos, la logística abarca la gestión de suministros, desde la adquisición de ingredientes frescos hasta la coordinación de equipos de cocina y la disposición adecuada de utensilios y equipamiento. La sincronización precisa es crucial para asegurar que cada plato se prepare y sirva en el momento adecuado.

La coordinación implica la gestión de equipos y actividades en todo el evento. Desde el personal de cocina hasta el equipo de servicio y los proveedores, todos deben trabajar en conjunto para garantizar una experiencia armoniosa. La comunicación efectiva y la asignación de roles y responsabilidades son aspectos clave de la coordinación.

La disposición del espacio y las estaciones de comida también son elementos logísticos críticos. El diseño del evento debe facilitar el flujo de participantes, evitando congestiones y asegurando que todos tengan acceso a las experiencias culinarias ofrecidas. La disposición de mesas, áreas de degustación y espacios para actividades adicionales debe ser estratégica.

La logística y coordinación también se extienden a la gestión de residuos y la limpieza del lugar. La disposición de contenedores de basura adecuados y la planificación de la limpieza durante y después del evento son aspectos fundamentales para mantener un entorno agradable.

El éxito en la logística y coordinación se basa en una planificación detallada, la identificación anticipada de posibles desafíos y la flexibilidad para adaptarse a situaciones imprevistas. La colaboración estrecha entre todos los involucrados, desde el equipo de organizadores hasta proveedores y personal del evento, es esencial para superar obstáculos y brindar una experiencia culinaria inolvidable a los asistentes.

Planificación detallada del evento

La planificación detallada de un evento gastronómico es un proceso fundamental que abarca múltiples aspectos para garantizar su éxito. Desde la elección del tema y concepto gastronómico hasta la ejecución del evento, cada etapa requiere una atención meticulosa para proporcionar una experiencia culinaria memorable.

En la fase inicial, se deben definir claramente los objetivos del evento y establecer un tema que guíe toda la planificación. Este tema no solo determina la dirección estética, sino que también influye en la selección del menú, la ambientación y la experiencia general del participante. La elección del tema establece el tono y la identidad del evento.

La identificación del público objetivo es otro aspecto crucial de la planificación. Conocer las preferencias y expectativas del público permite alinear el evento con sus gustos, asegurando una conexión más profunda y una experiencia más significativa. La planificación detallada implica, además, la selección de un espacio adecuado que se ajuste tanto al tema como a la cantidad prevista de participantes.

La planificación del menú es central en un evento gastronómico. La creación de platos que reflejen el tema y concepto elegidos, así como la consideración de posibles restricciones dietéticas, son elementos esenciales. La selección de proveedores y la gestión de la logística de aprovisionamiento también entran en juego durante esta fase.

A medida que se avanza en la planificación, la disposición del espacio se convierte en un componente clave. Coordinar la disposición de mesas, áreas de degustación y actividades complementarias asegura un flujo eficiente de participantes y una distribución estratégica de las experiencias gastronómicas.

La planificación detallada también involucra consideraciones logísticas, como el presupuesto, el financiamiento, la coordinación del personal, la gestión de residuos y la implementación de medidas de seguridad. La ejecución efectiva de todas estas variables contribuye al éxito general del evento.

Coordinación entre proveedores y equipos de trabajo

La coordinación entre proveedores y equipos de trabajo es un elemento crítico en la planificación y ejecución exitosa de eventos gastronómicos. Este proceso implica la interacción y sincronización efectiva entre los diversos proveedores, como los suministradores de alimentos, servicios de catering, servicios técnicos, decoradores y el personal de servicio.

En primer lugar, la coordinación efectiva con los proveedores de alimentos es fundamental para garantizar la calidad y disponibilidad de los ingredientes necesarios para el menú del evento. Establecer una comunicación clara sobre los requisitos específicos del evento, preferencias culinarias y restricciones dietéticas es esencial para garantizar que los chefs tengan acceso a los ingredientes adecuados y de alta calidad.

La colaboración con los servicios de catering es otro aspecto crucial. Coordinar la logística de entrega, preparación y presentación de los alimentos en el evento es esencial para mantener la coherencia con la visión gastronómica y garantizar una experiencia de servicio fluida.

La coordinación técnica también desempeña un papel vital. Trabajar en estrecha colaboración con proveedores de sonido, iluminación y proyección asegura que cualquier componente técnico del evento, como presentaciones en vivo o demostraciones culinarias, se lleve a cabo sin contratiempos.

La decoración y ambientación

La decoración y ambientación del espacio son elementos que contribuyen significativamente a la experiencia general. La coordinación con equipos de diseño de eventos es crucial para asegurar que la decoración refleje adecuadamente el tema y concepto gastronómico, creando una atmósfera envolvente y coherente.

La decoración y ambientación del espacio son aspectos fundamentales que moldean la experiencia general de un evento gastronómico. La coordinación efectiva con equipos de diseño de eventos se convierte en un pilar esencial para garantizar que la decoración refleje de manera auténtica y coherente el tema y concepto gastronómico del evento.

El diseño del espacio tiene el poder de sumergir a los participantes en una experiencia única desde el momento en que ingresan. Los equipos de diseño trabajan en colaboración estrecha con los organizadores para comprender la visión específica del evento y traducirla en elementos visuales que resalten la temática gastronómica. Esto implica la selección cuidadosa de colores, texturas, iluminación y elementos decorativos que reflejen la esencia culinaria que se quiere transmitir.

La coherencia es clave en este proceso. Cada detalle, desde la disposición de las mesas hasta la elección de los centros de mesa, debe contribuir a la narrativa general del evento. Por ejemplo, si el tema gira en torno a la fusión de cocinas internacionales, la decoración puede incorporar elementos representativos de diversas culturas, creando una experiencia visualmente estimulante y auténtica.

Además, la ambientación puede extenderse a áreas específicas del evento, como las estaciones de comida o las áreas de demostración culinaria. Esto no solo refuerza la coherencia, sino que también guía a los participantes a través de una experiencia secuencial y envolvente.

La coordinación temprana con el equipo de diseño permite anticipar cualquier desafío logístico y garantiza que la ejecución durante el evento sea fluida. La sincronización entre los equipos organizativos y de diseño es esencial para lograr una transición armoniosa desde la planificación hasta la implementación.

En conclusión, la decoración y ambientación del espacio en un evento gastronómico desempeñan un papel esencial en la creación de una atmósfera única y memorable. La coordinación cercana con equipos de diseño asegura que cada rincón del evento contribuya a la experiencia global, sumergiendo a los participantes en un entorno que complementa y realza la propuesta culinaria.

Además, la coordinación del personal de servicio es esencial para la atención y hospitalidad efectivas. Garantizar que el equipo esté bien entrenado, sea consciente de los detalles del evento y esté coordinado en su desempeño contribuye a una experiencia positiva para los participantes.

Gestión de tiempos y cronograma

La gestión de tiempos y el cronograma son aspectos cruciales en la planificación y ejecución de eventos gastronómicos, donde la sincronización precisa de actividades contribuye al éxito general. Establecer un cronograma detallado desde las fases iniciales hasta el día del evento permite una coordinación efectiva y minimiza posibles contratiempos.

En las etapas iniciales de la planificación, se asignan fechas límite para tareas clave, como la selección del tema, la definición del concepto gastronómico, la elección del espacio y la contratación de proveedores. Estos hitos proporcionan una estructura temporal que guía el progreso y asegura que cada fase se complete en el momento adecuado.

A medida que se acerca la fecha del evento, el cronograma se vuelve más detallado, incluyendo la logística de montaje, la llegada de proveedores, las pruebas de sonido (si es aplicable) y otras actividades específicas del día del evento. La gestión de tiempos es esencial durante el montaje, asegurando que todo esté listo antes de la llegada de los participantes.

En el día del evento, la precisión en la coordinación temporal se vuelve aún más crítica. La sincronización de actividades, como la preparación de los alimentos, la disposición de las estaciones de comida, las presentaciones en vivo y las actividades de entretenimiento, debe ejecutarse sin problemas para brindar una experiencia fluida y agradable a los asistentes.

Además, la gestión del tiempo se relaciona estrechamente con la duración de cada fase del evento. Por ejemplo, el tiempo dedicado a la degustación de platos, las presentaciones culinarias y las actividades interactivas debe estar cuidadosamente planificado para mantener el interés y la participación de los asistentes.

Manejo de imprevistos y soluciones rápidas

El manejo de imprevistos y la capacidad de encontrar soluciones rápidas son habilidades fundamentales en la organización de eventos gastronómicos. A pesar de una planificación meticulosa, es inevitable que surjan situaciones imprevistas durante el proceso de ejecución. La habilidad para abordar estos desafíos de manera eficiente contribuye significativamente al éxito del evento.

La diversidad de elementos involucrados en un evento gastronómico, desde la logística del espacio hasta la coordinación con proveedores y equipos de cocina, crea un entorno propenso a imprevistos. Pueden surgir problemas técnicos, retrasos en la entrega de suministros, cambios de último minuto en el menú o incluso factores externos como condiciones climáticas inesperadas.

El personal encargado de la organización debe estar preparado para actuar con rapidez y eficacia frente a estos desafíos. Esto implica tener un equipo capacitado y comunicativo, así como protocolos de contingencia bien establecidos. La capacidad para tomar decisiones informadas bajo presión y coordinar ajustes en tiempo real es esencial.

La flexibilidad también desempeña un papel crucial en el manejo de imprevistos. Los organizadores deben ser capaces de adaptarse a cambios repentinos sin comprometer la calidad del evento. Esto puede incluir la reorganización del espacio, la sustitución de ingredientes en el menú o la comunicación efectiva con los participantes para informar sobre cualquier cambio.

Contar con un plan de contingencia sólido

Contar con un plan de contingencia sólido y practicar simulacros antes del evento puede ayudar a anticipar posibles imprevistos y preparar al equipo para abordarlos eficazmente. La comunicación abierta y constante entre todos los involucrados es clave para la resolución rápida de problemas y la toma de decisiones concertadas.

En la planificación de eventos gastronómicos, la elaboración de un plan de contingencia y la realización de simulacros son prácticas cruciales para garantizar la eficacia y el éxito del evento, especialmente cuando se enfrentan a imprevistos. Un plan de contingencia sólido es un documento detallado que identifica posibles riesgos y establece medidas específicas para abordarlos.

La elaboración del plan de contingencia implica una evaluación exhaustiva de los posibles desafíos que podrían surgir durante el evento, desde problemas logísticos hasta situaciones climáticas imprevistas. Al anticipar estos escenarios, los organizadores pueden diseñar estrategias para abordar cada situación de manera efectiva. Por ejemplo, podrían incluir protocolos para cambios en el menú debido a problemas de suministro o tener planes alternativos para cambios repentinos en la disposición del espacio.

Los simulacros son ensayos prácticos de cómo el equipo de organización y los proveedores responderán a situaciones de emergencia o imprevistos. Estos ejercicios permiten al equipo familiarizarse con los procedimientos establecidos, identificar posibles brechas en la planificación y perfeccionar la coordinación entre los miembros del equipo. Los simulacros también ofrecen la oportunidad de ajustar y optimizar el plan de contingencia según sea necesario.

La comunicación es un componente esencial en la gestión de imprevistos. Un flujo abierto y constante de información entre todos los involucrados, desde los organizadores hasta los proveedores y el personal, es clave para la resolución rápida de problemas. Se deben establecer canales claros de comunicación y designar responsabilidades específicas para garantizar una respuesta coordinada y efectiva en caso de contingencia.

En última instancia, la combinación de un plan de contingencia bien estructurado y la práctica regular a través de simulacros prepara al equipo para abordar imprevistos con confianza y eficacia. Esta preparación no solo minimiza los impactos negativos de los desafíos inesperados, sino que también contribuye a la realización exitosa y sin contratiempos del evento gastronómico.

Capítulo 9

Evaluación Post-Evento

La evaluación post-evento es una fase crucial en la organización de eventos gastronómicos, ya que brinda la oportunidad de reflexionar sobre el desempeño del evento, identificar áreas de mejora y recopilar información valiosa para futuras planificaciones. Este proceso se lleva a cabo después de que el evento ha concluido, y su objetivo principal es analizar el éxito alcanzado y aprender de la experiencia.

Uno de los aspectos clave de la evaluación post-evento es recopilar retroalimentación tanto de los participantes como de los miembros del equipo organizador. Las opiniones de los asistentes proporcionan percepciones valiosas sobre aspectos como la calidad de la comida, la ambientación, la logística y la satisfacción general. Al mismo tiempo, el equipo organizador puede reflexionar sobre los procesos internos, identificar desafíos y destacar áreas de eficiencia.

La revisión de métricas específicas, como la asistencia, la participación en actividades y las interacciones en redes sociales, también es fundamental. Analizar estos datos ofrece una comprensión cuantitativa del impacto del evento y puede guiar decisiones futuras. Se pueden examinar las estrategias de promoción que generaron mayor participación y los aspectos del evento que recibieron una respuesta positiva.

Es esencial celebrar los éxitos y reconocer los esfuerzos del equipo, al tiempo que se abordan los desafíos identificados durante el evento. Esta reflexión colectiva contribuye a un aprendizaje continuo y fortalece la capacidad del equipo para enfrentar desafíos similares en eventos futuros.

La información recopilada durante la evaluación post-evento también puede alimentar la planificación de futuros eventos gastronómicos. La comprensión de lo que funcionó bien y las áreas de mejora ayuda a perfeccionar las estrategias y optimizar la experiencia del participante en eventos posteriores.

La evaluación post-evento no solo sirve como cierre para la edición actual, sino que también sienta las bases para futuros eventos, contribuyendo a la evolución constante y la mejora continua de la calidad de los eventos gastronómicos.

Recopilación de feedback del público

La recopilación de feedback del público es un componente esencial en la evaluación post-evento de cualquier actividad gastronómica. Obtener la opinión directa de los asistentes proporciona información valiosa sobre su experiencia, permitiendo a los organizadores comprender mejor qué aspectos fueron exitosos y qué áreas podrían necesitar mejoras.

Se pueden utilizar diversas estrategias para recopilar el feedback del público. Las encuestas son una herramienta efectiva, ya sea en formato impreso o digital, y pueden incluir preguntas abiertas y cerradas que aborden diferentes aspectos del evento, desde la calidad de la comida hasta la logística y la ambientación. Además, las entrevistas breves con algunos asistentes seleccionados aleatoriamente pueden proporcionar percepciones más detalladas y personales.

El monitoreo de las redes sociales también es una forma efectiva de recopilar comentarios. Los asistentes suelen compartir sus experiencias en plataformas como Twitter, Instagram y Facebook, utilizando hashtags relacionados con el evento. Revisar estas publicaciones brinda una visión inmediata de las reacciones del público y puede ayudar a identificar momentos destacados o áreas de preocupación.

Además de evaluar la satisfacción general, es útil recopilar información específica sobre aspectos particulares del evento, como la selección del menú, la variedad de opciones, la presentación visual de los platos y la interactividad de las actividades propuestas. Este enfoque más detallado permite a los organizadores comprender qué elementos específicos resonaron más con la audiencia y cuáles podrían necesitar ajustes en futuros eventos.

La recopilación de feedback del público no solo es una herramienta de evaluación, sino también una oportunidad para mantener una conexión continua con la audiencia. Agradecer a los asistentes por sus opiniones, responder a sus inquietudes y expresar aprecio por su participación contribuye a construir una relación positiva que puede traducirse en una lealtad continua y una participación futura en eventos similares.

Análisis de resultados y cumplimiento de objetivos

El análisis de resultados y el cumplimiento de objetivos son fases críticas en la evaluación post-evento de un evento gastronómico. Después de la celebración del evento, los organizadores deben dedicar tiempo a revisar y analizar diversos aspectos para medir el éxito y determinar en qué medida se lograron los objetivos establecidos.

Uno de los primeros pasos es revisar las métricas clave, como la asistencia real, la participación en actividades específicas y la interacción en redes sociales. Comparar estos datos con las metas preestablecidas proporciona una evaluación cuantitativa de la eficacia del evento. Además, la recopilación de feedback del público, ya sea a través de encuestas, entrevistas o comentarios en redes sociales, ofrece una perspectiva cualitativa crucial sobre la satisfacción y las áreas de mejora.

Los objetivos específicos pueden variar según el evento, pero podrían incluir metas relacionadas con la participación, la satisfacción del público, la promoción de la marca y la consecución de objetivos estratégicos. Por ejemplo, si uno de los objetivos era aumentar la conciencia de la marca, se debe evaluar cómo la exposición del evento contribuyó a ese objetivo.

El análisis de los resultados también implica revisar el rendimiento financiero del evento. Esto incluye comparar los costos con los ingresos, evaluar el retorno de la inversión (ROI) y determinar la rentabilidad general del evento. Identificar áreas donde los costos pueden optimizarse y donde los ingresos pueden aumentar contribuirá a una planificación financiera más efectiva en futuros eventos.

Es esencial documentar los aprendizajes obtenidos durante el análisis y aplicarlos en la planificación de eventos futuros. Si ciertos aspectos resultaron particularmente exitosos, se pueden replicar y mejorar. Del mismo modo, si se identificaron áreas de mejora, se pueden implementar cambios para optimizar futuras experiencias gastronómicas.

El análisis de resultados y el cumplimiento de objetivos no solo proporcionan una evaluación crítica del evento, sino que también informan y mejoran la planificación y ejecución de eventos futuros. La retroalimentación obtenida durante esta fase es esencial para la evolución y el perfeccionamiento continuo de los eventos gastronómicos.

Evaluación de la rentabilidad y costos

La evaluación de la rentabilidad y los costos es una fase crucial en la gestión post-evento de un evento gastronómico. Este análisis proporciona una visión detallada del rendimiento financiero del evento, permitiendo a los organizadores comprender la eficacia de sus decisiones financieras y tomar medidas para mejorar la rentabilidad en futuros eventos.

En primer lugar, se deben examinar los ingresos generados durante el evento. Esto incluye la venta de entradas, patrocinios, ingresos por alimentos y bebidas, y cualquier otro flujo de ingresos asociado al evento. Comparar estos ingresos con los objetivos financieros preestablecidos proporciona una medida clara del éxito económico del evento.

Simultáneamente, es esencial analizar y categorizar los costos incurridos en la planificación y ejecución del evento. Estos pueden incluir gastos relacionados con la logística, alquiler de espacio, catering, personal, marketing, entre otros. Identificar y desglosar estos costos ayuda a comprender las áreas donde se destinan recursos significativos y facilita la identificación de posibles eficiencias y reducciones de costos.

El cálculo del retorno de la inversión (ROI) es una métrica clave en este proceso. Se obtiene dividiendo los beneficios netos (ingresos totales menos costos totales) por el costo total de inversión. Un ROI positivo indica que el evento generó más ingresos de los que se invirtieron, mientras que un ROI negativo sugiere que los costos superaron los ingresos.

La evaluación de la rentabilidad y los costos no solo se trata de números; también implica una reflexión sobre las decisiones estratégicas. ¿Se obtuvo el valor esperado de cada gasto? ¿Hubo áreas donde los costos podrían reducirse sin comprometer la calidad del evento?

Este análisis financiero proporciona una base sólida para la toma de decisiones futuras. Si el evento fue rentable, los organizadores pueden identificar qué aspectos contribuyeron al éxito y replicar esas estrategias en futuros eventos. En caso de no alcanzar los objetivos financieros, se pueden ajustar estrategias y tomar medidas correctivas.

Lecciones aprendidas y áreas de mejora

La identificación de lecciones aprendidas y áreas de mejora constituye una parte esencial de la evaluación post-evento en la gestión de eventos gastronómicos. Este proceso reflexivo busca comprender lo que funcionó bien y lo que podría mejorarse, proporcionando valiosas perspectivas para futuros eventos.

En primer lugar, es fundamental analizar la experiencia del público. La retroalimentación directa de los asistentes a través de encuestas, comentarios y reseñas en redes sociales brinda información valiosa sobre su satisfacción, percepción de la calidad del evento, y cualquier aspecto que haya contribuido positiva o negativamente a su experiencia.

Además, el análisis interno del equipo organizador es crucial. Se deben revisar los procedimientos operativos, la coordinación entre equipos, la comunicación interna y cualquier desafío logístico que haya surgido. Identificar áreas de eficiencia y aquellas que requieren mejoras contribuye a optimizar la planificación y ejecución en eventos futuros.

La gestión de proveedores y colaboradores también es un componente importante. Evaluar la calidad de los servicios proporcionados, la eficacia de la coordinación con chefs, proveedores de catering, equipos técnicos y otros colaboradores es esencial para establecer relaciones duraderas y mejorar la colaboración en eventos posteriores.

El análisis financiero, incluida la revisión de ingresos y costos, también revela aspectos clave que pueden necesitar ajustes. ¿Las inversiones fueron proporcionadas a los resultados obtenidos? ¿Existen oportunidades para optimizar los gastos sin sacrificar la calidad del evento?

La flexibilidad y adaptabilidad son cualidades clave en la gestión de eventos, y este análisis post-evento permite ajustar la estrategia en función de las lecciones aprendidas. Por ejemplo, si hubo áreas con congestiones o problemas de flujo de participantes, se pueden implementar cambios en el diseño del espacio y la logística para futuros eventos.

En conclusión, la reflexión crítica sobre las lecciones aprendidas y áreas de mejora es un paso fundamental para el crecimiento continuo en la organización de eventos gastronómicos. Permite una evolución constante, garantizando que cada evento sea una mejora respecto al anterior y proporcionando experiencias cada vez más memorables y exitosas para los participantes.

Capítulo 10

Recursos y Herramientas

En la organización de eventos gastronómicos, la gestión eficiente de recursos y el uso adecuado de herramientas son fundamentales para el éxito. Estos elementos son vitales en todas las etapas del proceso, desde la planificación hasta la ejecución y la evaluación post-evento.

En cuanto a los recursos, la asignación inteligente de presupuestos es esencial. La planificación financiera debe contemplar aspectos como la contratación de chefs, servicios de catering, proveedores de equipos, decoración, marketing y más. Además, aprovechar patrocinios y alianzas estratégicas puede proporcionar recursos adicionales y reducir costos.

La gestión del tiempo también se considera un recurso valioso. Utilizar un cronograma detallado y ajustado permite una planificación eficaz, asegurando que cada fase del evento se lleve a cabo sin contratiempos. Además, la coordinación eficiente entre proveedores, personal y equipos de trabajo optimiza el tiempo dedicado a cada tarea.

En cuanto a las herramientas, la tecnología juega un papel crucial. Sistemas de gestión de eventos, software de planificación, plataformas de registro en línea y aplicaciones de comunicación facilitan la organización y coordinación. Estas herramientas permiten una colaboración efectiva entre los miembros del equipo, mejoran la comunicación con los participantes y optimizan la recopilación de datos.

Las redes sociales y el marketing digital son herramientas esenciales para la promoción del evento. Plataformas como Instagram, Facebook y Twitter permiten la difusión de contenido atractivo, la interacción con el público y la creación de expectativas antes del evento. Además, el uso de newsletters y estrategias de email marketing contribuye a mantener a los participantes informados y comprometidos.

La evaluación post-evento también se beneficia de herramientas analíticas. El análisis de resultados, la recopilación de feedback y la revisión de métricas proporcionan datos cuantitativos y cualitativos que orientan la toma de decisiones para futuros eventos.

Listas de verificación y plantillas

En la organización de eventos gastronómicos, las listas de verificación y plantillas desempeñan un papel fundamental al proporcionar estructura, eficiencia y consistencia en cada fase del proceso. Estas herramientas son esenciales para garantizar que todos los detalles se aborden de manera sistemática, desde la planificación hasta la ejecución y la evaluación post-evento.

Las listas de verificación son documentos detallados que enumeran las tareas específicas que deben completarse. Pueden abarcar diversas áreas, como la contratación de proveedores, la preparación del menú, la coordinación logística y la promoción del evento. Al utilizar listas de verificación, los organizadores pueden asegurarse de no pasar por alto ningún detalle crucial y mantener un enfoque organizado.

Las plantillas, por otro lado, son documentos pre formateados que permiten una fácil replicación de formatos y estructuras. En el contexto de eventos gastronómicos, las plantillas pueden incluir programas de eventos, menús estándar, hojas de presupuesto y más. Estas herramientas ofrecen eficiencia al reducir el tiempo necesario para crear documentos similares en cada evento, al tiempo que mantienen una coherencia visual y de contenido.

Ambas herramientas son particularmente útiles durante la planificación y la ejecución del evento. Por ejemplo, una lista de verificación puede detallar las tareas diarias para el equipo de cocina, desde la compra de ingredientes hasta la preparación de platos, asegurando una ejecución suave. Al mismo tiempo, una plantilla de programa de eventos puede proporcionar un formato consistente para la presentación del cronograma a los participantes.

Además, estas herramientas facilitan la colaboración entre miembros del equipo, ya que todos pueden referirse a las mismas listas y plantillas. Esto minimiza la posibilidad de malentendidos y contribuye a una ejecución coherente del evento.

Software y tecnologías útiles

En el ámbito de la organización de eventos gastronómicos, el uso de software y tecnologías específicas puede marcar la diferencia al agilizar procesos, mejorar la eficiencia y ofrecer una experiencia más completa tanto para los organizadores como para los participantes.

Un tipo clave de software es el **software de gestión de eventos**, que abarca desde la planificación inicial hasta la ejecución y la evaluación post-evento. Estas herramientas proporcionan funcionalidades integrales, como la gestión de invitados, el seguimiento de la logística, la administración del presupuesto y la creación de informes. Al centralizar la información, el software de gestión de eventos permite una coordinación más eficiente y una toma de decisiones informada.

Otra tecnología valiosa son las aplicaciones móviles personalizadas para el evento. Estas aplicaciones pueden incluir información detallada sobre el programa, mapas interactivos, actualizaciones en tiempo real y funciones de participación del público. Los participantes pueden acceder fácilmente a detalles importantes y recibir notificaciones relevantes, mejorando así su experiencia general.

El uso de tecnologías como la realidad virtual (RV) y aumentada (RA) también puede ser innovador en eventos gastronómicos. Por ejemplo, se pueden crear experiencias de degustación virtual o presentaciones interactivas de platos mediante aplicaciones de RV o AR. Estas tecnologías añaden un elemento distintivo y moderno, proporcionando a los asistentes una experiencia única y memorable.

Además, las herramientas de análisis de datos son esenciales para evaluar el rendimiento del evento. Plataformas que recopilan datos sobre la participación, la retroalimentación del público y el impacto en las redes sociales permiten a los organizadores medir el éxito del evento y realizar ajustes para futuras ediciones.

En conclusión, la incorporación estratégica de software y tecnologías específicas en la organización de eventos gastronómicos no solo simplifica las operaciones, sino que también eleva la experiencia general. Estas herramientas modernas ofrecen un enfoque más eficiente y atractivo para la planificación y ejecución de eventos culinarios inolvidables.

Conclusión

Mensaje final y motivación para futuros eventos gastronómicos

En el mensaje final de la "Guía de Montaje de Eventos Gastronómicos: Pasos para Montar Eventos Culinarios Inolvidables", es fundamental transmitir una motivación inspiradora y destacar la importancia de la pasión, la creatividad y el compromiso en la realización de eventos gastronómicos. Se busca inspirar a los organizadores y amantes de la gastronomía a seguir explorando nuevas ideas, conceptos innovadores y experiencias culinarias únicas.

Se puede enfatizar la trascendencia de estos eventos no solo como encuentros gastronómicos, sino como oportunidades para tejer historias memorables, conectar comunidades y celebrar la diversidad culinaria. Resaltar cómo cada evento es una oportunidad para dejar una huella perdurable en la memoria de los participantes, haciendo hincapié en la creatividad, la calidad y la autenticidad que definen a un evento gastronómico excepcional.

Motivar a los lectores a mantenerse actualizados con las tendencias culinarias emergentes, explorar nuevas colaboraciones y desafiar constantemente los límites de la creatividad gastronómica. La guía puede cerrar con una invitación a la reflexión sobre la importancia de ofrecer experiencias culinarias que trasciendan lo convencional y destaquen en el panorama de los eventos.

Es relevante resaltar la comunidad que se forma alrededor de la gastronomía, desde chefs y proveedores hasta amantes de la comida, todos contribuyen a la magia de estos eventos. Finalmente, se puede expresar la esperanza de que la guía sirva como un recurso inspirador y práctico para aquellos que buscan organizar eventos gastronómicos inolvidables, subrayando que cada evento es una oportunidad única para deleitar los sentidos y construir conexiones significativas.

Perfil de las autoras

Marlene Lioced Agüero Fernández

Marlene Lioced Agüero, Chef-Pastelera y docente por vocación. Nacida el 19 de mayo de 1981, Dominicana, con más de 16 años de experiencia en el Sector Público, en el área de Gestión Administrativa e Impositiva. Docente por vocación.

En el año 1997 inicio mi formación y pasión gastronómica, capacitándome e ingresando al Instituto de Arte Culinario Dominicano.
Mi actividad gastronómica la llevo a la práctica dentro de mi proyecto llamado

¨Tomillo Catering¨, agradezco a mis clientes por su gran apoyo.

Imparto docencia en el área de Cocina y Pastelería como una ocupación continua de mi pasión por la gastronomía y el arte culinario, por lo que comparto mi vocación ayudando en su formación a aficionados de este maravilloso arte, y que le apasiona conocer y aprender todo sobre el mundo gastronómico.

Por mi experiencia en la organización y montaje de eventos gastronómicos, he escrito esta guía juntamente con mi madre Ynocencia Fernández, con el propósito de que los interesados puedan tener una guía detallada de cómo montar eventos gastronómicos.
Contacto: eltomilloplacehealth@gmail.com

Ynocencia Fernández de Agüero

Profesional en el área de Contabilidad, Administración de Empresas y Educación. Ha desempeñado diferentes posiciones en el sector público y privado y Docente en diferentes universidades del país. Asesora Curricular y en Diseño de Sistemas de Contabilidad y Costos.

Nació en la provincia Sánchez Ramírez, República Dominicana, el 01 de mayo de 1958.

Máster Internacional en Gestión Universitaria (MIGU) en la Universidad Alcalá de Henares, Madrid, España.

Maestría en Alta Gestión Empresarial, Universidad Tecnológica de Santiago (UTESA).

 Especialización en Entornos Virtuales de Aprendizajes EDUCA-Argentina).

Licenciatura en Contabilidad, en la Universidad Autónoma de Santo Domingo (UASD). Estudios Superiores en Educación Básica (UASD).

Especialidad en Educación Universitaria. Especialidad en Contabilidad y Costos de Empresas Turísticas y Hoteleras

Diplomados: Diseño Instruccional de Asignaturas Virtuales. Diplomado en Ofimática.

Diplomado en Educación por Competencias. Diplomado Internacional en Diseño Curricular basado en el enfoque por competencias y Lineamientos del Marco Nacional de Cualificaciones.

Mi contacto: ynocenciafc@gmail.com

Guía de Montaje de Eventos Gastronómicos

o del autor incluido en ninguno de los contenidos en este volumen. Ni el editor ni el autor individual serán responsables de los daños y perjuicios físicos, psicológicos, emocionales, financieros o comerciales. Nuestros puntos de vista y derechos son los mismos: Tienes que probarlo todo por ti mismo de acuerdo con tu propia situación, talentos e inspiraciones. Eres responsable de tus propias decisiones, elecciones, acciones y resultados.

9 798875 927546